말더듬이에서 스피치 원장까지

말더듬이에서 스피치 원장까지

발행일	2015년 6월 25일			
지은이	박 상 현			
펴낸이	손 형 국			
펴낸곳	(주)북랩			
편집인	선일영		편집	서대종, 이소현, 김아름, 이은지
디자인	이현수, 윤미리내, 임혜수		제작	박기성, 황동현, 구성우, 이탄석
마케팅	김회란, 박진관, 이희정			
출판등록	2004. 12. 1(제2012-000051호)			
주소	서울시 금천구 가산디지털 1로 168, 우림라이온스밸리 B동 B113, 114호			
홈페이지	www.book.co.kr			
전화번호	(02)2026-5777		팩스	(02)2026-5747
ISBN	979-11-5585-632-1 13320(종이책)		979-11-5585-633-8 15320(전자책)	

이 책의 판권은 지은이와 (주)북랩에 있습니다.
내용의 일부와 전부를 무단 전재하거나 복제를 금합니다.

이 도서의 국립중앙도서관 출판예정도서목록(CIP)은 서지정보유통지원시스템 홈페이지(http://seoji.nl.go.kr)와
국가자료공동목록시스템(http://www.nl.go.kr/kolisnet)에서 이용하실 수 있습니다.

(CIP제어번호 : CIP2015017102)

말더듬이에서
스피치 원장까지

박상현 지음

북랩 book Lab

CONTENTS

프롤로그 _ 08

1장 대중 공포와 발표 공포의 시절

위축된 어린 시절 _ 12
초등학교에 가다 _ 13
무술 영화를 통해 대리만족을 하다 _ 17
중학교는 더 어렵네! _ 18
내가 이런 감투를 쓰다니! _ 21
학급일지로 보고하다 _ 22
소풍 _ 23
돌파구가 필요하다 _ 26
합기도로 자아존중감을 조금이나마 회복하다 _ 27
지역축제에 구경 갔더니 씁쓸해지다 _ 32

2장 극복해야 한다

우연히 TV를 보다 _ 36
차라리 용광로에서 죽자! _ 40
하늘이 항상 외면하지는 않는다 _ 41
진짜 용광로에 들어가다 _ 43
혼나더라도 무대 연습을 해야만 한다 _ 45
제대하다 _ 47

3장 못하지만 내가 하고 싶은 일을 하며 살고 싶다

천릿길도 한 걸음부터 _ 52
3박 4일의 레크리에이션 교육을 받다 _ 55
이거 뭐, 레크리에이션을 어디 가서 해야 돼? _ 57
청소년 수련원에 전화를 하다 _ 59
나의 외모가 마음에 안 든다고 하다 _ 61
학생들이 나에게 별명을 지어주다 _ 62
나도 언젠가는 마이크를 잡아보겠지! _ 63
레크리에이션 진행 가능한 청소년 지도자 등장 _ 64
청소년 수련원 바빠지다 _ 66
저녁 하이라이트의 보이지 않은 준비 _ 66
저녁 프로그램, 장기자랑 _ 68
저녁 프로그램, 캠프파이어 _ 69
촛불의식 _ 71
황홀한 말발의 기술 _ 72
헐크 선생님이 단독 무대에 서다 _ 73
바뀐 교육 팀 _ 76
수백 명 앞의 무대에 처음으로 서보다 _ 79
레전드 _ 83
휴식과 홍 팀장님의 행방불명 _ 86
나에게 기회가 찾아오다 _ 88
발전은 하고 있지만…… _ 90
결단 _ 94
큰 무대로 가보자, 서울로 상경 _ 96
들이대다 _ 98
행사 사회자만 빼고 별 걸 다 해보다 _ 99
새로운 무대에 서보다, 그런데…… _ 101
말발을 늘려야만 내가 원하는 삶을 살 수 있다 _ 105

아예 말 잘하는 사람들과 같이 동거하는 거야! _ 108

영업에 도전해서 말발과 깡을 더 키워보자! _ 112

사람이 최소한의 양심을 가져야지! _ 114

나 폭발하다! 길 한복판에서 싸우다 _ 116

거침없이 살자! _ 119

본격적으로 도전 노트를 작성하다 _ 120

4장 나만의 스피치 학원을 설립하다

이번 도전은 스피치 학원이다! _ 128

비웃는 주위 반응 _ 129

반복 암시의 힘 _ 130

쉽게 생각하자! _ 130

사무실이 없는데 사업자 등록을 어떻게? _ 132

첫 번째 스피치파티 정모 추진 _ 133

주먹으로 의사표현하다! _ 134

스피치 실습실을 얻어야만 한다 _ 135

들어오는 회비는 적고 임대료는 비싸다 _ 136

말 잘하는 방송인에게 도움을 요청하다 _ 137

원형탈모 _ 140

회비 말고 강의료를 받다 _ 141

전국 방송에 내 얼굴 내보내기 도전! _ 143

전국노래자랑 무대에 도전 성공 or 실패? _ 144

성우, 개그맨 시험에 도전! 성공 or 실패? _ 146

방송국에서 연락이 오다! _ 146

나의 꿈 _ 147

새로운 곳, 좋은데? _ 148

학생들이 수천만 원의 도움을 주다 _ 150

고발당하다 _ 153

새로 얻은 곳은 불법 건물 _ 153

혹시나 방법이 있지 않을까? _ 154

될까 안 될까 고민하지 말고 계속 될 수 있게끔 두드려라! 그럼 된다! _ 157

고시원 생활 _ 158

강의실에서 잠을 자다 _ 160

119에 실려가다 _ 162

5장 사람들은 왜 대중 앞에서 덜덜 떠는 것인가?

스피치 학원에 오는 사람들 대부분의 고민 _ 168

단독 음성 준비, 줄거리 원고 준비, 전문 원고 준비 _ 169

처음부터 집 팔아서 사업했을 때, 성공할 확률이 높습니까? 아니면 실패할 확률이 더 높습니까? _ 170

지갑에 돈이 없어서 불안합니다 _ 171

누군가 저에게 무례한 말과 행동을 했습니다 _ 172

현 심리는 최근의 스피치 성적을 따라온 것입니다 _ 173

방향과 순서가 잘못되어 있습니다 _ 174

발표 불안의 원인 1차 정리 - 10가지 _ 176

발표 불안의 원인과 해결책 정리 _ 186

스피치를 풀어가는 자가 훈련법 _ 189

발표 성공 사례 _ 193

에필로그 _ 202

프롤로그

이 책은 아주 어린 나이였던 9세부터 20대 초반까지 너무 심하게 말을 더듬고 언어적 감각이 매우 떨어져서 한 문장을 이야기하는 데도 2~3분이나 걸릴 정도로 말을 못했던 사람이, 많은 노력을 통해서 레크리에이션 강사와 스피치 강사까지 하게 된 실제 저자의 이야기다.

예를 들면 이런 식이었다.
집에서는,
"허어엉, 나나나 하하합기도 배우고 싶어!"

학교에서는,
선생님: 자, 여기 연단으로 나와서 각자 자기소개 해봐라!
박상현: 바바바박상현을…… 음…… 마마마마말합니다?…… (끝마치고 의자로 돌아가 앉음)
선생님: 휴!
이런 식이었다.

정말이지 말을 이 정도로 못할 수 있나? 상상 이하였다. 이렇게 말을 더듬고 언어적 감각이 둔해 대인기피와 발표 공포를 아주 심하게 겪었던 사람의 이야기다. 본인 박상현은 이러한 부분들을 해결하고자 실제로 다양한 노력을 했으며, 여러 우여곡절을 겪었지만 결국 극복해냈다. 최악의 상태에서 감각을 최고조로 끌어올린 경험을 바탕으로 대중 앞에서 힘들어하는 분들, 더 좋은 모습을 보이고 싶은 분들에게 도움을 드리고자 책을 집필하게 되었다. 이야기를 읽으며 '이 사람도 이렇게 노력해서 어려움을 이겨내고 대중 앞에서 말하는 직업을 즐기는데, 나라고 못할 게 뭐가 있겠냐?'라는 생각으로 힘을 내고 자신감을 더 많이 얻으면 좋겠다는 바람이다. 그래서 본인의 인생을 더 멋지게 영위하고 사회에도 좋은 영향을 끼치길 바란다. 그럼 지금부터 박상현의 이야기를 들려드리겠다.

휴대폰 진동음이 울렸다.
"삐이이이익~! 삐이이이익~! 삐이이이익~!"

저자: 여보세요?
후배: 필승! 이창호입니다!
저자: 어~! 창호야, 반갑다!
　　　잘 지내냐? 결혼식에 못 가서 미안했다. 내가 미처 몰랐어. 좀 알리지 그랬어?
후배: 아, 그때 정신없이 하느라 연락드릴 새도 없었네요……
　　　아니, 알렸어요. 하하!
저자: 어? 하하! 그래?
후배: 근데, 박상현 해뱀(해병님의 준말)! 카톡 보니까 무슨 학원 시간표가 있던데요, 뭐예요?
　　　음…… 아~! 혹시 학원에서 근무하세요? 청소? 아니면 관리하세요?
저자: 그렇지, 청소도 하고 관리도 하고 강의도 하지.
후배: 네? 강의도요?
저자: 어!

프롤로그 9

후배: ……(한 동안 말이 없음). 강사세요?

저자: 어, 원장!

후배: 아하, 그래요? 언제 한 번 술 한 잔 하셔요!

저자: 어, 좋지! 언제든 와!

후배: 좋죠!

시간표는 우리 학원 수강생들이 카카오톡에 강의 시간표를 올려달라고 부탁해서 올렸던 것이다. 대략 25세 이전의 나를 알고 있던 사람들에게는 내가 대중 앞에서 레크리에이션이나 강의를 한다는 것 자체가 도저히 이해할 수 없는 부분이었다. 왜냐하면 나는 말을 아주 심하게 더듬었고, 한 문장을 이야기하는 데도 2~3분 정도의 오랜 시간이 걸렸기 때문이다. 그러다 보니 내가 무슨 이야기를 할 때면 착하고 끈기 있는 사람들도 표정이 바뀌기 일쑤였다. 그들은 몹시 답답해했고 짜증 섞인 표정을 지었다. 나 역시 이런 표정들을 자주 대하다보니 자신감이 떨어졌고, 급기야 심각한 대인기피, 대인 공포, 대중 공포, 말하기 공포가 확대되었다.

우가 많다. 사전을 찾아 잠깐 설명하자면, 가정에서의 평균 생활소음은 약 40dB, 일상대화는 약 60dB, 집에서 음악을 감상하는 것은 약 85dB이고 소리가 큰 록밴드는 약 110dB, 제트엔진의 소음은 150dB에 근접한다고 한다. 아버지가 욱해서 말씀하실 때의 소리 크기를 데시벨로 측정해본다면 약 100dB 정도가 되지 않았을까 싶다. 그 정도로 크게 말씀하시니 가족들은 주눅이 들 수밖에 없었다. 특히나 나는 다른 형제들보다 더 소심했던 영향인지 이런 분위기가 조금 무서웠다.

🎤 초등학교에 가다

나는 집에서 국민학교, 아니 초등학교까지 약 2.5km 정도를 걸어서 다녔다. 학교생활에 있어서 초등학교 1학년 때는 특이사항이 없었다. 하지만 2학년이 되었을 무렵에는 서서히 심리적 압박이 생겼던 것 같다. 담임선생님도 조금 더 어려운 부분들을 지도해주셨다. 책에 쓰여 있는 내용도 1학년 때는 아주 친절한 문체였는데 2학년 때부터 표현이 조금씩 바뀌기 시작했다. 예를 들어 1학년 때는 '다음 문제의 정답이 무엇인지 알아맞혀 보세요.'라는 친절한 느낌의 문체였다면, 2학년 때는 '다음 문제의 정답은 무엇인가요?'라고 직설적으로 물어보는 느낌이었다.

한 학년씩 올라갈 때마다 모든 것이 조금씩 무섭고 어려워지기 시작했다. 산수도 어려워졌다. 생전 처음 보는 구구단도 소리 내서 외워야 했다. "이 일은 이, 이 이는 사, 이 삼은 육……" 수업 시간에 다 같이 소리를 내며 구구단을 연습했고 담임선생님은 하루 수업을 모두 마칠 때쯤 숙제를 내주셨다. 2단과 3단의 구구단을 모두 외워오라는 것이었다.

나는 아직 내일이 온 것도 아닌데 긴장을 많이 했고, 오늘과 내일이 걱정되었다. 부담도 컸고, 7살 때부터 나도 모르게 말을 더듬고 있었기 때문이다. 말을 심하게 더듬어서 첫 글자를 소리 낼 때 많이 힘들었고, 맞닥뜨린 상황이 무섭고 긴장하면 아예 소리가 나오지 않을 때도 가끔 있었다. 구구단을 완전히 암기하는 것도 힘들고 어려운데, 막상 다 외웠다고 할지라도 사람들 앞에서 발표하는 것이 두려웠다. 어린 나이였지만 남들 앞에서 말을 더듬고 목소리가 떨리는 것은 창피하다고 생각했기 때문이다. '만약 목소리가 염소 소리처럼 떨리면 같은 반 친구들이 나를 어떻게 볼까?, 선생님은 나를 어떻게 생각하실까?' 하는 걱정에 벌써부터 창피했다. 나이가 적든 많든 창피하다는 것은 매한가지인 것 같다.

집에 돌아가 나를 예뻐해 주시는 엄마께 잘 말씀드리면 다음날 학교에 가지 않아도 된다고 따뜻하게 이야기해주실 것 같다는 희망이 있었다. "아가, 가지마. 괜찮아."라고 말이다. 그래서 나는 집에서 놀고 있다가 엄마가 오시자 즐겁게 말씀드렸다.

"엄마, 학교에서 구구단 외워 오래. 나 학교 안 갈게."
"가!"

딱 한 마디. 엄마는 매우 강한 어조로 말씀하셨다. 당황한 나는 무슨 말을 어떻게 해야 할지 몰랐고 다시 한 번 더 말을 꺼낼 엄두조차 낼 수 없었다. 내일 학교에 가야만 했다. 하는 수 없이 구구단 2단과 3단을 중얼중얼 소리 내며 연습을 했다. 몇 번 소리 내서 연습했더니 구구단이 적혀있는 책받침을 보지 않고도 외울 수 있었다.

돌이켜보면 당시 책받침은 초등학생들의 필수품이었다. 연필이나 샤프를 사용했기 때문에 글씨를 잘 쓸 수 있게 종이 아래에 책받침을 받쳤고, 그러면 글씨도 더 잘 써지고 색이 짙어 좋았다. 다음 장의 종이들이 움푹 패지 않도록 보호도 해주는 것도 책받침의 장점이었다. 이렇게 유용한 책받침의 한 면에는 자주 사용하는 구구단이 2단부터 9단까지 있었고, 다른 면에는 유명한 연예인들의 사진이 있었다. 외국 영화배우 소피 마르소, 탤런트 고(故) 최진실 씨 등등…….

하루가 지나고 다음날 학교에 갔다. 어김없이 산수시간이 돌아왔고, 선생님은 어제 내준 구구단 암기 숙제를 검사한다고 하셨다. 나는 키가 작아서 맨 앞줄에 앉아있었고 번호는 3, 4번으로 기억한다. 그래서 구구단 발표도 반 학생들 중에서 초반에 했던 것으로 기억한다. 선생님이 구구단을 외워보라고 하자 나는 지진이 난 책걸상에서 일어나는 것처럼 불편하게 일어섰다. 이미 얼굴은 화끈거리고 붉어졌다. 2단부터 외우면 됐었다.

"커억! 커억! 크, 키…… 크으으으!"

2라는 숫자는 나오지 않고 꽉 막힌 호흡 소리만 났다. 호흡이 막혀도 억지로 소리를 내려 했지만 시간이 지날수록 심장만 더 빠르게 요동쳤다. '아으, 이런 분위기 정말 싫다!'라고 생각하며 2라는 소리를 빨리 내려 하는데 안타깝게도 소리는 계속 나오지 않았다. 곧 선생님의 표정이 심각해지면서 말씀하셨다.

"야, 너! 앞에 나와서 무릎 꿇고 손들고 있어!"

나는 내가 처한 상황에 대해서 설명도 하지 못한 채 천천히 앞에 나가서 죄인처럼 무릎을 꿇고 손을 들었다. 수십 년이 지났지만 아직도 이 기억은 생생히 남아있다. 선생님은 내가 구구단을 소리 내어 말하지 못하니까 외우지 않았다고 생각하셨던 것 같다. 나는 스스로에게도 많이 실망했고 이런 상황을 몰라주는 선생님에게도 괜히 억울한 감정을 느꼈다. 하지만 나는 너무 기가 죽어 있었고 자신감은 말할 것도 없이 최저였다. 만약 이때의 내가 자신감이 있었더라면 공책이나 칠판에 써서라도 숙제를 했다는 사실을 증명했을 것이다. 지금은 '칠판에라도 적을 걸!' 하고 생각하지만, 당시의 나는 이러한 기지를 발휘할 심리적 여유도, 용기도 전혀 없었다. 이 구구단 사건 이후로 나는 말할 때 예전보다 더 더듬기 시작했다. 그리고 남들의 시선에 대해 부담을 느끼게 되었다.

어린 나이였지만 말더듬 증상을 무조건 해결해야만 한다고 생각했다. 자신감이 최소한이라도 있어야 앞으로 험한 세상을 '간신히'라도 살아갈 수 있을 거라고 확신했기 때문이다. 하지만 집안 여건상 학원을 다니며 해결하는 것은 불가능했고, 나는 누구에게 이런 고민을 이야기할 성격도 되지 못했다. 결국 나 혼자 말더듬 증상을 개선해야만 했다. 끊임없이 중얼거리며 말하기를 시도했다. 그렇게 하다 보니 첫 글자를 천천히 두 글자처럼 늘려서 소리 낼 때, 더듬지 않고 한 번에 낼 수 있다는 사실을 알게 됐다. 첫 소리만 잘 내면 다음 글자부터는 쉽게 소리 낼 수 있었다. 하지만 혼자 연습할 때는 조금 좋아졌다가도 누군가와 짧게라도 대화를 하게 되면 다시 더듬는 현상이 반복됐다. 아마도 나의 고난은 이때부터 시작되었던 것 같다.

🎤 무술 영화를 통해 대리만족을 하다

　상처 받은 어린 나의 마음을 그나마 치유해주었던 것은 이따금 텔레비전에서 방영된 무술 영화였다. 주인공이 자신 있게 몸을 날려 높은 곳에 오르고, 텀블링을 하고, 적을 무찌르는 모습을 보며 대리만족을 느꼈다. 매우 재미있고 감정이 북받쳤다. 특히 이소룡과 성룡이 나오는 무술 영화를 흥미롭게 보았다. 평상시 말을 너무 많이 더듬는 스스로의 모습에 답답했던 내면이, 사람들에게 눌리고 위축됐던 마음이 무술 영화 한 편을 보는 것만으로 아주 큰 위안이 되었다. 어둠 속 햇볕처럼 큰 희망, 해방구로 느껴졌다.
　영화 속 액션배우들은 정말 멋있었고 나는 그들의 동작을 멋지게 따라하고 싶었다. 이러한 영향을 많이 받은 덕분인지 초등학교 시절의 내 꿈은 멋진 액션배우가 되는 것이었다. 영화를 보고 난 후에는 발차기를 연습하고 텀블링을 시도해보았다. 또래들이 만화를 많이 좋아하는 반면, 나는 무술 영화를 더 좋아했고 자주 따라했다. 그래서인지 낙법이나 텀블링에 흥미를 느꼈고 운동신경을 더 개발하는 계기가 되었다. 다치지 않은 정도의 푹신한 환경이 조성되면 늘 연습에 매진했다. 체육 시간에 매트가 있으면 텀블링을 연습하는 식이었다. 앞으로 넘는 텀블링은 흙만 있는 땅에서도 연습할 수 있었는데 뒤로 넘는 텀블링은 푹신한 장치가 있어야만 비슷하게나마 시도할 수 있었다. 다칠까봐 겁이 났기 때문이다. 집에서는 다치지 않을 만큼 이불을 몇 겹이나 깔아놓고 연습했다. 그리고 무술 영화를 다 보고 난 후에는 동네 형, 동생들과 무술 놀이를 하며 놀았다. "아뵤~! 아자!" 마치 동물 울음소리 같기도 한 이소룡과 성룡의 기합 소리를 따라하면 다들 배꼽을 잡고 웃기도 했다.
　학교에서는 말더듬 증상 때문에 벌벌 떨었지만 그래도 동네는 편안했다.

형제들이 많았기 때문에 아무도 나를 함부로 대하지 못했던 것 같다. 동네에서 발차기나 텀블링 등을 하며 놀 때는 누가 먼저 어려운 동작들을 성공하는지 보이지 않는 경쟁을 할 때도 있었다. 학교 체육시간도 아니어서 점수를 받는 것도 아닌데 말이다. 올림픽을 나가는 것도 아닌데 정말 다들 사활을 걸고 놀았다. 아마 공부를 이렇게 했으면 모두 서울대에 갔을 것이다. 결과적으로는 내가 먼저 동작을 성공하는 경우가 많았다. 그럼 나보다 나이 많은 형들은 티를 내지 않으려고 했지만 얼굴에는 분한 표정이 역력했다. 그런 형들의 표정을 보면 짜릿했다. 그렇게 놀았기 때문에 손을 짚고 넘는 앞 텀블링은 초등학교 3학년 경에 이미 할 수 있었다. 말은 드럽게 못하지만 운동은 남들에게 잘 한다는 소리를 조금씩 듣기 시작했다. 사람들에게 들은 또 다른 이야기가 있다. 글씨를 잘 쓴다는 것과 그림을 잘 그린다는 것이었다. 글씨와 그림은 학교 선생님들이 많이 칭찬해주셨고 운동을 잘 한다는 이야기는 동네 형들이 많이 말해줬다. 말을 잘 못하니까 그 이외의 것들에는 집중하는 힘이 좋았던 모양이다.

🎤 중학교는 더 어렵네!

시간은 금방 흘러 중학교에 진학하게 되었다. 중학교는 여러 초등학교의 학생들이 모이는 공간이었으므로, 초등학교보다 규모도 훨씬 컸고 다양한 학생들이 있었다. 키가 큰 아이, 우스꽝스럽게 생긴 아이 등 별의별 아이들이 다 있었다. 2, 3학년 형들은 다들 얼굴과 몸집도 크고 무섭게 생겨서 언뜻 보기만 해도 위압감이 느껴졌다. 초등학생 때와는 비교도 할 수 없을 정도로 살벌했다. 내가 기죽은 만큼 다른 사람들의 기를 더 크게 느꼈기 때문인 것 같다. 그래서인지 중학교 시절의 여름은 날씨도 더 후덥지근하고 겨울은 더 춥게 느껴졌다. '이런 무서운 곳을 어떻게 다녀야 하나.' 앞으로의 학교생활이 크게 걱정되었다. 내 인생 역시 앞으로 더욱더 무섭고 어려워질 것 같았다. 차라리 빨리 성인이 되면 좋겠다는 생각을 했다. 부모님께는 조금 죄송하지만, 내가 왜 태어났는지 원망스럽기도 했다. 이렇게 학교생활을 두려워하는 모습은 내가 원하는 방향이 전혀 아니었다.

중학생 때는 선생님들이 학생들에게 자주 발표를 시켰다. 예를 들면 국어책이나 영어책을 읽어보라고 하거나 수학공식을 읊어보라는 식이었다. 오늘이 17일이면 7번, 17번, 27번, 37번, 47번 학생들은 긴장해야만 했다. 나는 말더듬 증상이 초등학생 때보다 더 심해져서 이런 발표 시간들을 제일 싫어했다.

1학년 때 영어선생님은 한 명, 한 명 지목을 하여 영어 문장을 읽도록 했다. "Hello, Jane. My name is Teddy." 이런 식의 간단한 문장이었다. 나는 혹시라도 지목될까봐 선생님 눈치를 보고 있었는데, 아니나 다를까 선생님은 나를 콕 집어 지목했다. '큰일 났다!' 속으로 외쳤지만 어쩔 도리 없이 자리에서 일어나 문장을 읽기 시작했다. "헤에, 헤에, 헤엘로우우우, 마마마마마이 네임 이즈 바바박크크샹허여언." 나는 이렇게라도 읽기 위해 온 힘을 다했다. 그런데 내가 읽는 동안 짝꿍이 억지로 웃음을 참아가며 키득거리는 것이었다. 어이가 없었다. 비록 몇 문장 되지는 않았지만 나는 떨려서 심장이 터지는 줄 알았는데, 옆에 있는 친구가 어이없게 웃고 있다니……. 그 모습을 보니 나도 모르게 헛웃음이 나왔다. 동시에 반 분위기도 웅성거리며 코믹하게 변해버렸다.

힘들고 민망했지만 다 읽었기 때문에 자리에 앉으려고 했는데 갑자기 쿵! 하며 정신이 멍해지며 넘어질 뻔 했다. 차갑고 딱딱한 손바닥이 나의 뺨 전채를 휘감으며 민 것이다. 선생님이 내 뺨을 때린 것이었다. 그것도 아주 강하고 세게 말이다. 감정이 엄청 담겨있는 것 같았다. 진지하게 읽어도 영어를 잘 할까 싶은데 내가 너무 성의 없이 읽고 웃었기 때문에 그러셨던 것 같다. 게다가 반 분위기까지 흐렸으니 말이다. 내 얼굴에 오른 열은 쉽게 가시지 않았고, 나는 얼굴은 얼얼하고 정신은 멍한 채로 수업이 끝날 때까지 투명인간처럼 앉아 있었다. 영어시간이 끝나고 쉬는 시간을 보내고, 다음 수업 시간이 시작됐음에도 아까 오른 열은 얼굴에서 쉽게 사라지지 않았다. 하지만 더 쉽게 가시지 않았던 것은 상처받은 내 마음이었다.

조금 전의 상황을 생각해보니 물론 나도 잘못을 했지만, 말을 더듬기 때문에 그렇게 읽을 수밖에 없었던 것인데 선생님이 감정을 실어 가격하듯 때리니까 서운했다. 수업 분위기를 흐려서 정말 죄송한 마음도 들고 반성도 했지만, 선생님이 나를 많이 무시한다는 생각이 들었다. 학교에서의 나는 항상 얼굴이 불그스름했고, 말을 할 때는 더듬거리며 소심하게 이야기를 했기 때문에 나를 쉽게 생각한 것도 같았다.

당시는 학부모들이 먹고 사는 데 정신이 없었고, 교육적인 훈계를 위해서라면 매를 들어도 허용되는 분위기였다. 그렇기에 뺨 때리기는 물론 엉덩이나 허벅지, 종아리 등 신체부위와 상관없이 다양한 체벌이 이루어졌던 때였다. 체벌이 있었기에 학교의 질서를 잘 유지할 수 있었고 그 외의 장점들도 있던 것은 사실이다. 문제는 선생님들도 사람이다 보니 훈육하는 기준이 공평하지 않았던 점이리라. 예를 들어 집이 잘 살거나 공부를 잘 하는 학생이 잘못을 하면 그냥 넘어가는 반면, 집안형편이 좋지 않거나 공부를 못하는 학생이 잘못을 하면 사정없이 때리는 등 기준이 모호한 경우도 있었다. 학생이 말을 하는 데 있어서 어려움을 겪고 있는 것 같으면 문제를 해결하기 위한 조언이나 조치를 해줘야 하는데 그러한 것이 전혀 없었다.

지금은 이미 다 지난 일이고, 몸과 마음 모두 건강하기에 추억이 되었다.

하지만 가끔 그때를 되돌아보면 후회가 되기도 한다. 조금 더 당당하게, 열심히 학교를 다닐 걸 하고 말이다. 기준이 불분명하게 체벌을 하는 선생님도 일부 계셨지만 가슴에서 존경심이 우러나오는 선생님도 많이 계셨다. 내가 말하고자 하는 핵심은 학생 중에 특수한 문제나 사정이 있는 것 같으면, 조금이나마 그 학생 입장에서 생각하고 신경써줄 필요가 있다는 것이다. 어찌됐든 결국에는 매 맞은 나만 바보가 됐고 나만 서러웠다.

🎤 내가 이런 감투를 쓰다니!

중학교 1학년 때 담임은 '배승효' 선생님이셨다. 선생님은 내가 말을 더듬는다는 사실을 알고 계셨지만 글씨를 잘 쓴다는 이유로 학급일지를 쓰는 임무를 맡기셨다. 웬만한 종례도 내가 하게끔 하셨다. 글씨를 잘 쓰는지에 대한 여부는 우리 반 학생들이 판단해 주었다. 선생님이 "우리 반에서 누가 글씨를 제일 잘 쓰냐?"라고 물어보셨는데, 반 친구들이 "박상현이요!"라고 말했고 몇몇은 손가락으로 나를 가리켰다. 말을 아주 심하게 더듬고 잘 하지 못하기 때문에 친구들이 나를 무시하는 줄로만 알았는데 완전히 그런 것은 아니어서 다행이었다. 자아존중감이 5% 정도 올라간 느낌이 들었다.

학급일지를 쓰다보면 그날의 종례 사항이 무엇인지 다 알 수 있다. 교무실에서 학급일지를 교무선생님께 보고하는 과정을 통해 알게 되는 것이다. 종례는 학생들에게 매일 알려야 하는 학교의 공지사항을 전달하는 것이기에 보통 담임선생님이 하시는데, 우리 반은 자주 내가 맡아서 하게 되었다. 담임선생님의 주 교과목이 체육이어서 운동장에 계실 때가 많았고, 나를 신뢰하셨기 때문이다.

나는 학급일지를 교무선생님께 보고한 후, 반으로 돌아와 종례 사항을 칠판에 적었다. 다 적고서 내 자리로 돌아가 앉으면 반 친구들이 "야, 박상현! 집에 가도 돼?" 하고 물었다. 나는 "어!"라고 한 마디 했다. 그러면 학교가 지진이 난 것처럼 진동을 울리며 친구들이 교실을 빠져나갔다. 학급일지를 담당한 덕분에 친구들이 나를 무시하지 않았던 것 같다.

🎤 학급일지로 보고하다

이해를 돕기 위해 학급일지 작성 및 보고 과정에 대해 설명하고자 한다. 각 반에서 학급일지를 작성하는 대표 학생들은 마지막 수업 후 교무실로 가서 보고를 한다. 교무선생님과 1대 1로 마주하여 한 과목씩 읽으며 보고하고, 동시에 대조 작업을 한다. "1교시는 국어, 2교시 영어, 3교시 수학, 4교시 체육……." 이런 식으로 담당선생님과 당초에 계획된 교무일정대로 수업이 잘 전개되었는지 확인 작업을 하는 것이다.

1, 2학년 때는 편안한 인상의 교무선생님이어서 별 생각 없이 학급일지를 보고했고 무사하게 넘어갔다. 그런데 3학년 때부터는 슬슬 어려워지기 시작했다. 학급일지를 보고하는 데 걸리는 시간은 아주 짧고 어려운 업무도 아니었다. 그러던 언젠가 교무선생님께 보고를 하기 전 무심코 뒤를 한 번 보았는데, 각 학년과 반 학급일지를 작성하는 학생들이 한 줄로 죽 서서 나만 바라보는 것이었다. 한 번 상황을 인식하고 나니 그때부터 슬슬 긴장을 하기 시작했다. 뒤에서 열 명이 넘는 학생들이 나만 바라보고 있다는 것은

꽤 부담스러운 상황이었다. 1교시부터 7교시까지 해당 과목을 주르륵 연이어서 말해야 하는데, 1교시가 국어거나 과학, 도덕 같은 경우 앞 글자인 '국, 과, 도' 등의 글자들이 한 번에 소리로 나오지 않는 것이었다. 마음이 편안해야 소리가 잘 나올 텐데 가뜩이나 말더듬 증상이 심한데 긴장까지 하니 소리를 내려고 해도 잘 나오지 않았다. 마음과 입에 힘을 주면 줄수록 오히려 첫 소리 내기가 어려웠다. 이를 계기로 나의 고질적인 말더듬 증상이 또 악화될 것 같았다. 게다가 대중 공포와 발표 공포도 예전보다 더 크게 느껴졌다. 혹시 나는 원래 태어날 때부터 이렇게 타고 났던 것인가!

🎤 소풍

이렇게 우울한 학교생활에도 기분이 좋아지는 일이 있었다. 바로 소풍이었다. 소풍 가는 날은 학교에 가지 않아서 좋았고 그냥 좋았다. 우리 학교는 1~3반까지는 남학생들, 4~6반까지는 여학생으로 구성된 남녀공학이었다. 소풍 때는 전교생이 모두 모여 장기자랑을 하는 시간도 있었고, 보물을 찾아 상품도 받고 맛있는 것들도 먹을 수 있어서 좋았다. 단, 수건돌리기에서 나는 절대 걸리지 않아야 된다는 조건이 충족되어야 했다.

초등학생 때부터 친했던 '홍석주'라는 친구가 있었는데, 이 친구는 어려서부터 노래 부르는 것을 좋아했고 각종 대회에 나갈 만큼 실력도 있었다. 무대 위에서도 자신감이 넘치는, 나와는 정반대의 친구였다. 나는 사람들 앞에만 서면 온몸이 부들부들 떨리는 데 말이다. 몸만 떠는 것이 아니라 목소리도 불안정하고 얼굴도 붉어졌다. 거기에 말까지 더듬으니…… 나 참! 뭐,

어디서부터 손을 대야 할지 엄두가 나지 않는 사람이었다. 반면 석주는 무대 위에서 여러 것들을 잘 했다. 말도 재미있게 하고 노래도 잘 불렀다. 정말 부러웠다. '도대체 얘는 전생에 무슨 복을 타고났기에 무대에서 이렇게 잘 한단 말이야!'

중학교 1학년 때 갔던 소풍에서는 국사선생님이 사회를 보았다. 다른 선생님들에 비해 교육 경력이 짧아서인지 1부 전체 오락부장을 맡은 것이다. 넓은 야외에 1학년 전체 학생들이 모두 모여 앉아 있었다. 선생님은 박수 연습도 시키고, 팔을 높게 올리거나 손을 반짝반짝 좌우로 흔들게 하는 등 여러 가지 행동을 하게 했다. 함성 연습을 시키고는 국사선생님 본인이 환하게 활짝 웃으면서 등장하기도 했다. 그러면 우리는 연습한대로 힘차게 손뼉을 치고 환호를 지르며 환대했다. 지금 생각해보면 어이없는 일이지만 이때는 모든 것이 다 재미있었나보다. 나도 손을 흔들며 웃었고 다른 친구들도 상상 이상으로 웃었다. 아마도 여학생들이 있었기에 남학생들이 오버한 모양이다.

이내 국사선생님은 학급에서 노래를 좀 부르는 학생들은 무대 위로 나오라고 말씀하셨다. 학생들은 쉽게 나오지 않았는데, 조금 후 한쪽에서 웅성대는 소리가 났다. 홍석주 라는 친구가 노래를 잘 부른다고 해당 반 친구들이 이야기하는 것이었다. 국사선생님은 웅성거리는 쪽으로 눈을 맞추고는 "뭐라고? 누가 노래를 잘 부른다고? 한 번 나와봐잉!"이라고 하셨다. 친구들의 지목과 선생님의 눈빛에 석주가 엉덩이를 툭툭 털며 자연스레 무대로 나갔다. 그리고는 이내 감정을 잡더니 노래를 시작했다. '칠갑산'이었다. 가수 주병선 씨가 구성지게 부른 노래로, 이때 한창 유행했던 노래였다. 보통 학생들은 쉽사리 흉내 내지 못하였고 가사말의 감정을 표현하는 것도 매우 어려운 곡이었는데, 이 친구는 혼을 담아 목소리를 꺾어가며 기가 막히게 열창하는 것이었다. 당시 생소했던 표현인 바이브레이션도 활용해 노래를 맛깔나게 소화하였다. 선생님도 감탄하고 학생들도 모두 석주의 노래에 푹 빠져들었다. 그렇게 노래를 부르고 내려오자 단숨에 수많은 학생들이 석주의 팬이 되었다. 특히 여학생들에게 인기가 급부상했다. 나는 정말이지 부러웠다. 무대에서 자신감 넘치는 모습도, 여학생들에게 인기가 많은 것도…… 부러웠다.

이 친구는 노래만 잘 부르는 것이 아니라 말솜씨도 좋았고 운동도 잘 했다. 게다가 귀여운 외모여서 여러 학생들에게 인기가 많았다. 무대 위에서의 행동 역시 나와는 완전히 달랐다. 석주의 인기도 부러웠지만, 나는 그것보다도 대중 앞에서 떨지 않고 기본적인 말이라도 잘 했으면 좋겠다는 생각이 간절했다. 이후로 이 친구의 장점에 대해 끊임없이 생각하고 신기해했다. 내 나름대로 노력을 한다고 했지만 나는 늘 남들에게 주목받는 시선 자체가 힘들었다. 말을 하거나 노래를 부를 때면 목소리가 떨리고 얼굴이 붉어지는 증세도 여전했다. 오히려 더 심해지는 것 같았다. 말더듬 증상은 매일 꾸준히 노력했더니 조금씩 나아지기 시작했다. 나 혼자 연습할 수 있었고, 노력 방향만 맞는다면 노력하고 신경 쓰는 만큼 조금씩이라도 진전이 보일 것이라는 확신이 있었다. 하지만 사람들 앞에서 말하는 것은 따로 연습을 해 볼 수 있는 것이 아니었기에 무엇을 어떻게 노력해야 하는지 도통 알 수 없었다. 심한 떨림 증상과 두려움을 해결할 수 있는 방법은 도저히 감이 잡히지 않았고, 결국 내 안에는 극도의 스트레스가 쌓이기 시작했다. 비관도 많이 했다. '나는 왜 이렇게 태어난 것인가? 왜 말을 더듬고 떨리는 증상이 심한 것인가? 다른 학생들은 그렇지 않은데……' 하고 말이다.

스트레스가 쌓이면 자전거를 타고 돌아다녔다. 손을 놓고 자전거를 타보는 등 밖을 돌아다니다보면 기분이 풀리기도 했다. 가끔 몸을 뒤로 재껴 앞바퀴를 힘껏 들어 올린 채로 최대한 긴 거리를 주행하면 쾌감이 느껴졌다. 발차기나 텀블링 연습 역시 스트레스를 해소하는 데 좋은 수단이었다.

마음 복잡한 하루를 보내고 잠을 자고나면 또 학교에 가야했다. 우리 반에는 다양한 친구들이 있었고, 어느 날 체육시간에 나처럼 텀블링을 잘 하는 친구가 있다는 사실을 알게 되었다. 그 친구가 조용한 편이어서 늦게 알게 되었지만 관심 분야가 비슷했기에 금세 친해지게 되었다. 우리는 텀블링을 잘 할 수 있는 방법을 함께 고민했고, 친구는 당시 배우고 있던 합기도에 대해 많은 이야기를 해 주었다.

🎤 돌파구가 필요하다

어느덧 나는 고등학생이 되었다. 질풍노도의 시기여서 다들 작은 거 하나에도 민감하게 반응했고, 나 역시 많이 예민해졌다. 고등학교는 아예 반 하나에 남학생과 여학생이 함께 생활하는 남녀공학이었다. 이성 친구에게 잘 보이고 싶은데 말을 더듬고, 얼굴을 붉히고, 책을 읽을 때도 덜덜 떠니 학교에 가는 것이 정말 싫었다. 학교에 가고 싶지 않았지만 수업을 빼먹을만한 배짱도 없었다. 학교에서 책을 읽거나 발표를 해야 할 때면 쥐구멍에라도 숨고 싶을 만큼 정말 창피했다. 민감할 때여서 그런지 자존심은 더 많이 상처 입었다. 중학생 때보다 더 떠는 것 같았다. 중학교 때는 남학생들만 있었기에 느낌이 달랐는데, 고등학교는 차원이 달랐다. 항상 긴장되고 위축된 채로 보내는 고등학교 생활은 나아지는 것 없이 계속되었다.

'무슨 돌파구가 없을까?' 항상 고민만 하며 학교를 다니던 어느 날, 문득 합기도 생각이 났다. 텀블링을 통해 친해진 중학교 친구는 합기도를 배우면서부터 몸도 탄탄해지고 눈빛에서 자신감을 느낄 수 있었다. '그래, 나도 한 번 배워보는 거야.' 며칠을 더 생각해본 후, 가장 무서워하던 형에게 말을 건넸다. 더듬거리며 말을 하는데, 대상이 형 한 명인데도 내 목소리는 가늘게 떨리고 있었다.

"하하하합기도 도도도장에 다닐 거야!"
"안 돼, 임마!"
"가가가야 돼!"

엄마께도 합기도를 배우고 싶다고 말씀드렸는데 형과 마찬가지로 별로 좋아하지 않으셨다. 그때는 집에 돈도 없었고, 학업에 열중해야 할 시기이므로 운동에 빠지는 것을 바라지 않으셨던 것 같다. 그렇지만 나는 해방구가 절실했고, 그렇기에 합기도 도장에 꼭 가야만 했다. 결국 원하던 대로 합기도 도장에 가게 됐다. 5만원을 내고 한달 치를 등록했다.

🎤 합기도로 자아존중감을 조금이나마 회복하다

도장에 간 첫날, 기본 동작과 발차기, 낙법부터 지도를 받았다. 원래 좋아하던 장르의 운동이어서 재미있게 할 수 있었다. 돌려차기, 전방낙법, 후방낙법 등을 하면서 스트레스도 해소할 수 있었다. 어려운 기술을 성공하고 나면 통쾌했다. 여러 가지 수업 중에서 텀블링 수업이 가장 즐거웠다. 앞으로 손을 짚고 도는 앞 텀블링, 손을 짚지 않고 앞으로 한 바퀴 도는 공중회전, 뒤로 손을 짚고 도는 백 텀블링, 손을 짚지 않은 채 뒤로 한 바퀴를 도는 백 회전에 대해서 배웠다. 관장님은 내가 무슨 동작만 하면 칭찬을 해주었다. 앞 텀블링을 배운 대로 넘자 잘한다고 칭찬하며 며칠 후에는 백 텀블링을 지도해 주었다. 백 텀블링은 조금 어려웠지만 틈틈이 흉내를 내보았던 경험이 있어서 몇 번 해보니 할 수 있었다.

지도 방법의 첫 단계는 다음과 같았다. 관장님이 본인의 무릎을 바닥에 닿게 한 다음, 원생이 뒤돌기를 하기 위해 몸을 뒤로 한 채 궤적을 그리면서 눕듯이 자세를 취하면 관장님이 허리를 툭 밀어주었다. 그러면 매트 위에서 비슷하게나마 성공할 수 있었다. 그 다음 단계는 원생 세 명이 하는 것이다. 100m 달리기 종료 지점에서 커트라인 띠를 잡는 것처럼 원생 두 명이 1m 정도 간격으로 띠를 힘껏 잡는다. 이 띠를 백 텀블링을 시도하는 사람의 허리에 닿게 한 후, 시도자가 몸을 뒤로 젖히면 띠를 잡고 있던 원생들이 그 띠를 뒤로 넘겨주는 것이다. 뒤로 넘어갈 수 있는 반동이 생기게끔 원생들이 도와주기 때문에 시도자가 백 텀블링을 하는 것이 수월해진다. 나는 관장님이나 원생들, 띠의 도움 없이 백 텀블링 기술을 숙달했다.

조금 더 어려운 기술을 배우고 싶었다. 손을 짚고 하는 텀블링은 쉬웠는데, 공중회전이나 백 회전은 한 번도 해보지 않은 것이어서 도전하고 싶었다. '하루 빨리 성공해보자!' 도장에서 제일 빨리 성공하고 싶다는 승부욕도 발동했다. 나는 항상 사람들 사이에서 위축되어 있었는데, 합기도 도장에서만큼은 위축되지 않았고 남들이 어려워하는 기술들도 척척 해내니 웃음이 나올 때도 있었다. 대중 공포, 발표 공포 때문에 스트레스를 많이 받았던 나에게 이곳은 해방구였다.

그렇기에 도장에 가서 미리 몸을 풀고 연습에 매진했다. 집에서도 형이 없을 때마다 이불을 깔아놓고 연습했다. 관장님, 사범님께 체계적으로 정교한 교육을 받으니 실력이 계속 늘어났다. 공중회전은 하늘로 솟구치면서 몸의 회전속도를 빠르게 하면 쉽게 성공할 수 있었다. 만약 회전이 덜 되어도 엉덩방아를 찧는 정도의 위험밖에 없어서 다칠 거라는 부담이 없었다. 될 때까지 연습했더니 진짜로 공중회전을 성공할 수 있었다. 다음은 백 회전이었다. 공중회전과는 달리 겁도 많이 났다. 연습하다가 곤두박질치며 실패한 원생들의 얼굴에는 상처가 나 있었고, 때로는 허리를 다치는 경우도 있었기 때문이다. 게다가 실패한 기억이 크게 남아있어서 연습을 기피하는 경우도 많았다. 폭신한 매트 위에서 연습을 하는데도 겁이 많이 나서 다리가 아예 땅에서 떨어지지 않을 때도 부지기수였다. 백 텀블링은 해본 경험도 많고 성공도 해보았기에 스스로의 몸놀림에 대한 믿음이 있었지만, 백 회전은 성공한 적이 없었다. 두 발로 어느 각도로 점프를 해서 회전을 걸어야 하는지, 적절한 타이밍은 언제인지 이해가 안 되었다. 머릿속으로나마 이해해야 시도라도 해볼 텐데 말이다.

생각을 단순하게 해 보았다. '백 텀블링을 넘는 방법으로 몸을 뒤로 넘기는데, 회전만 더 빨리 하면 손바닥이 아닌 발바닥부터 바닥에 닿을 수 있지 않을까? 체공시간과 상관없이 발바닥이 더 빨리 바닥에 닿게 하자. 그럼 백 회전이 가능할 수도 있어. 백 텀블링을 할 때 다리가 공중에 있고 손이 지면에 가까울 때, 손을 짚어보지 않도록 연습해보자. 먼저 옆 돌기로 재주를 넘어서 백 회전을 할 수 있는 속도를 만든 후, 탄력을 받아 아주 크고 높게, 빠르게 회전을 건다면 손으로 바닥을 짚을 때 디딤의 비율을 줄일 수 있을 거야'라는 전략이었다. 이러한 방법으로 약 16일간 훈련에 집중했다. 그랬더니 백 회전을 비슷하게나마 흉내 낼 수 있게 되었고, 공중에서 바닥으로 내려올 때 손이 바닥에 닿는 비율이 적어지기 시작했다. 17일째 되는 날에는 옆 돌기를 해서 탄력을 받은 다음, 백 텀블링을 하려는 마음으로 힘차게 솟구치며 회전을 걸었더니 손이 아닌 발바닥으로 착지를 할 수 있었다. 드디어 백 회전을 성공한 것이다. 합기도 도장 안의 사람들이 "우와~!" 하고 감탄을 했다. 다른 원생들은 마치 본인들이 성공한 것처럼 기뻐하며 박수갈채를 보내줬다. 나는 매우 기뻤다. 어려운 백 회전을 도움 없이 해내다니! 가장 어려워하던 기술을 성공한 것이다. 덕분에 자신감이 많이 향상되었다.

도복의 띠가 흰 색이던 때, 나는 웬만한 텀블링은 모두 할 수 있게 되었다. 옆 돌기까지 손을 짚지 않고 할 수 있었다. 몇 주가 지난 어느 날, 관장님은 2주 후 토요일에 다른 대형 합기도 체육관에 가서 시범을 보일 것이라고 알렸다. 떨리는 마음으로 2주 후를 기다렸다. 멀게만 느껴지던 시범일이 코앞으로 다가왔다.

토요일 오전, 도장에서 집결한 후 관장님이 내게 검은 띠를 건네주었다. 엉겁결에 검은 띠를 받은 나는 도복 위 허리에 두르고 대형 합기도 도장으로 이동했다. 도장에는 사람들이 꽤 많았다. 도장에 다니는 원생들과 학부모, 형제자매를 비롯하여 학교와 동네 친구들, 어르신들까지……. 합기도에 관심 있는 사람들이 모두 모인 것 같았다. 표정은 서커스 공연을 보러 온 것처럼 들떠 있었다. 우리는 평소보다 더 멀리, 더 높고 화려하게 날았다. 벽을 짚고 뒤로 돌며 송판 격파하기, 공중에서 세 번 연속 발차기하여 송판 격파하기 등의 기술을 선보였다. 대련에서 맞는 역할은 스턴트맨에 빙의한 듯했다. 팽이처럼 돌면서 바닥에 떨어지는데 표정 연기까지 선보였다. 사람들은 자주 감탄을 했다. 시범을 하러 간 원생들은 대략 15명 정도 되었다. 그중 나는 제일 마지막에 시범을 하게 되었다. 모든 시범을 마친 후 박수를 받으며 퇴장했다. 우리 체육관으로 돌아온 뒤 중요한 사실을 깨달았다. "오잉? 오늘은 떨지 않았네!" 나중에 그 체육관의 원생이 두 배로 늘었다는 즐거운 소식을 들었다.

합기도 도장에서는 두 달에 한 번씩 심사가 열렸다. 두 달의 마지막 주 토요일은 그동안 쌓은 합기도 실력을 검증받는 자리였다. 승급과 승단 심사가 열렸는데, 이때 실력에 비례하는 띠 색깔이 결정되었다. 잘 하지 못하면 유급을 하기도 했다. 나는 호신술 실력은 보통이었으나 묘기 발차기나 액선 등 화려한 기술들은 카리스마 있게 잘 소화해냈던 것 같다. 합기도 기술들을 선보일 때면 액션배우가 된 기분이었다. 나도 모르게 표정으로 연기를 하고 있었고, 가끔은 내 표정을 보고 놀라거나 배꼽을 잡고 웃는 사람들도 있었다. 왜 웃을까 궁금했었는데 언제인가 거울을 보고 어려운 동작을 연습하던 중 깨닫게 되었다. 내가 과장된 표정을 짓고 있었던 것이다.

말더듬으로 인한 대중 공포와 발표 공포로 힘들어하던 내가 조금이나마 자신감을 가질 수 있었던 계기가 바로 '합기도'였다. 합기도를 배우면서부터 학창 시절이 조금은 재미있어졌다. 관장님은 '합기도는 무술, 태권도는 스포츠'라는 말로 둘의 차이를 설명해 주었다. 이 무술이 매력적이었다. 그리고 도장에서의 나는 더 이상 작은 사람이 아니었다.

하지만 학교에서는 아직도 작은 사람이었다. 그러던 어느 날, 체육시간에 뜀틀 넘기 수업을 하게 되었다. 보통 친구들은 뜀틀을 손으로 받치고 양다리를 벌려 넘었다. 나는 다른 사람들과 다르게 뜀틀을 넘고 싶었다. 어떻게 할까 고민하다가 몸이 시키는 대로 했다. 내 차례가 되었을 때, 나도 모르게 뜀틀 앞에서 발을 힘껏 구르며 몸을 앞으로 말았다. 그리고 공중을 돌면서 날았다. 공중에서 앞으로 몸을 돌렸고, 그 결과 뜀틀에 닿지 않은 채 바닥에 착지했다. 합기도에서 배운 공중회전으로 뜀틀을 넘어버린 것이다. 그 광경을 본 학생들은 깜짝 놀라며 환호를 했다. 나는 남들에게 주목을 받으면 떠는 사람이었는데 몸과 마음에 자신감 넘치는 힘이 느껴졌다. 이때부터 나는 학교에서 '합기도 소년'으로 불리게 되었다.

🎤 지역축제에 구경 갔더니 씁쓸해지다

　고등학교를 졸업하고 대학교 1학년 때였다. 친구 한 명, 후배 한 명과 함께 전북 김제에서 열리는 지평선 축제를 구경하러 갔다. 지평선 축제는 가을마다 열리는 지역축제로, 여러 볼거리와 먹을거리, 체험할 거리가 많았다. 시끌벅적한 분위기를 즐기고 스트레스도 풀 겸 한 번 가보기로 결정했다. 도착해서 이곳저곳을 둘러보니 역시 축제답게 활기가 넘쳤다. 가을바람도 선선하니 좋았고 사람들도 즐거워 보였다. 곳곳을 지날 때마다 트로트 메들리, 댄스 음악 등 신나는 음악 소리들이 들렸다. 흥이 무르익으며 즐거웠다.
　한참을 구경하고 있는데 메인 무대의 대형 스피커에서 신나는 음악들이 쿵쾅쿵쾅 들렸다. 소리는 점점 커져갔고, 무대에 서있는 사회자가 멘트를 하니 사람들이 서서히 관심을 갖고 하나둘씩 모여들기 시작했다. 남녀노소 불문하고 모두 미소를 띤 채 공연장에 입장하기 시작했다. 아주 어린 아이는 아버지에게 한쪽 팔로 안기고, 큰 아이는 엄마의 손을 잡고 들어오는 화목한 가족의 모습도 보였다. 어린 아이는 들리는 음악이 신기하고 좋았는지 놀란 표정으로 귀엽게 무대와 사람들을 번갈아가며 쳐다보았다. 얼큰하게 취해 얼굴이 빨개진 아저씨들도 볼 수 있었다. 인상을 쓴 것이 아니라 즐거워서 환하게 웃는 아저씨들의 모습이 재미있었다. 무대 앞에 마련된 의자는 사람들로 가득차기 시작했다. 우리는 다른 사람들보다 조금 더 일찍 공연장에 도착했기에 원하는 자리에 앉을 수 있었다. 무대와는 조금 거리가 있는 자리였다. 맨 앞쪽에 앉으면 혹시라도 인터뷰를 하거나 무대 위로 올라가게 될 지도 모른다는 부담감을 느꼈기 때문이다. 사회자와 우리의 거리는 약 30m 정도였다.
　본 행사에 들어가기에 앞서 사회자는 선물로 사람들을 유혹했다. 선착순으로 5명까지 무대에 올라오는 사람에게 선물을 준다는 것이었다. 순식간에 10명 정도가 무대로 달려갔는데, 그들의 용기가 참 대단하다고 느꼈다. 떨리지도 않는단 말인가? 나는 엄청 떨리는데 말이다. 사회자는 무대 위로 올라온 관객들과 인터뷰도 하고, 게임을 하거나 춤을 추게 하기도 했다. 춤 추는 관객 중 어설프거나 익살스러운 사람들의 행동은 놓치지 않고 재미있게 묘사하기도 했다. 예를 들면 어떤 여자 중학생이 춤을 추는데 다리를 많이 움직이자 "너 지금 춤 안 추고 고무줄놀이 하니, 애?"라고 하는 것이었다. 매우 웃기다고 생각했는데, 아니나 다를까 근처에 있던 여학생들이 갑자기 얼굴을 본인 다리에 파묻을 정도로 웃기 시작했다. 다른 관객들 역시 손뼉을 치며 쓰러질 정도로 웃었다. 나는 그런 반응들을 보고 더 웃었다.

화려한 의상을 입은 사회자는 자신감 있는 표정과 전문적인 입놀림, 몸놀림으로 축제를 최고조로 이끌었다. 관객과 소통하며 흥을 돋우는 모습을 보며 정말 멋있고 존경스럽다는 생각을 하였다. 더군다나 공연 사회를 한 번 보면 보수가 백만 원 가까이 된다고 하니 정말 매력적인 직업이었다. 하고 싶은 일을 하면서 돈도 많이 버는 것이었다. '나도 저렇게 살고 싶은데, 사람들 앞에만 서면 목소리가 떨리고 얼굴이 붉어지는데 어떻게 하냐! 이런! 하필 성격이 이렇게 태어나가지고 말이야. 아, 억울하다. 제발 대중 앞에서 떨지만 않으면 좋겠는데!' 아주 즐겁고 재미있게 축제를 관람했지만 한편으로는 아주 씁쓸했다. 나는 무대에서 도저히 저렇게는 할 수 없다는 사실에 대해서.

2장
극복해야 한다

🎤 **우연히 TV를 보다**

어느 날, 집에서 누워 텔레비전을 보며 시간을 보내고 있었다. 여러 채널들을 리모컨으로 돌려보는데, 한 채널에서 군인들이 훈련을 받고 있는 모습이 방영되고 있었다. 자세히 보니 군인이 아니라 훈련생들의 모습이었다. 나도 모르게 계속해서 채널을 돌리던 것을 멈추었다. 훈련생들은 갖은 악을 지르고 인상을 썼다. 너무 인상을 쓰다 보니 저도 모르게 침을 흘렸고 이를 악무는 소리까지 났다. "아아악, 으으윽……." 무언가와 사투를 벌이는 소리 같았다. 희한한 광경에 궁금증이 생겼다. 그들의 얼굴은 허옇게 마른 진흙과 진한 초콜릿색의 촉촉한 진흙이 불규칙하게 묻어 있었다. 그래서인지 치아는 더욱 하얗게 돋보였다. 철조망 아래, 흙탕물이 고인 진흙바닥에 누워 모든 신체부위를 이용해 어렵게 앞으로 나아가는 그들은 가슴에는 긴 총을 안고 있었고 철모는 벗겨질 듯 말 듯 아슬아슬한 모습이었다. 훈련생들은 등을 땅에 힘껏 비비고 악을 쓰며 철조망을 통과하였다. 칡덩굴 같은 철조망 철사를 피하며 지나는 모습은 각개전투 훈련을 받는 듯했다.

이 방송은 〈KBS 제1TV 현장르포 제3지대〉라는 프로그램으로, 해병대에 지원한 훈련생들의 모습을 담은 내용이었다. 방송에서 그려진 훈련생들은 입소하기 전에는 머리카락도 길고 얼굴에는 아직 젖살이 남아있는 뽀얀 모습이었다. 비실하고 호리하던 훈련생들이 해병대 훈련단에 입소한 뒤, 인간의 한계를 뛰어넘는 혹독한 훈련을 받으며 점점 야생의 해병대원으로 변해 간다는 내용이었다.

입소한지 얼마 되지 않은 초기에는 밥맛이 입에 맞지 않는지 밥을 남기는 훈련생도 있었다. 걸음걸이 역시 껄렁했다. 그러나 하루, 이틀 지나면서 훈련생의 모습이 달라졌다. 훈련의 양이 늘고 강도가 강해지자 입소 초기에는 밥을 가리던 훈련생도 나중에는 식판을 혀로 핥아먹는 모습을 보였다. 식사하는 시간조차 줄어드는 모습을 볼 수 있었다. 초기에는 여느 우리네 모습처럼 20분 가까이 식사를 하던 훈련생들이 이제는 3분 만에 뚝딱 다 먹어치워 버린다. 달라진 것은 식사 방법뿐이 아니었다. 소위 민간인 말투를 자연스레 사용하던 훈련생들이 어느 때부터인가 군기가 바짝 든 '다'나 '까' 체로 바꾸어 말하고 있었다. 머리카락도 모두 빡빡 밀어서인지 흡사 전사 같은 모습이었다.

훈련생들은 끊임없이 훈련을 받는다. 조를 나누어 격투 훈련을 하는 모습을 보았다. 지름이 약 3m 가량 되는 동그랗고 작은 섬 같은 공간에서 격투 훈련을 하는데, 이 공간을 벗어나면 꼼짝없이 흙탕물에 빠지게 된다. 서로 사활을 걸고 싸웠고, 승리와 패배의 결과에 따라 훈련생들의 표정들은 180도로 엇갈렸다. 하지만 두 조 모두 에너지 넘치는 전사가 되어 있다는 점은 공통점이었다. 훈련생들의 표정을 보는 것 자체만으로도 국가안보에 대한 걱정을 덜 수 있었다. 우리나라 국민들이 두 다리를 쭉 뻗고 안심하고 잠자기에 충분했다.

매미가 아주 덥다고 자신의 온몸을 부풀리며 울 정도로 혹독하게 뜨거운 날씨였다. 상의를 탈의한 훈련생들은 6명이 한 조가 되어 물을 잔뜩 먹어 퉁퉁 분 듯 길고 묵직한 통나무를 한 쪽 어깨에 메고 있었다. 맨 앞 사람과 다섯 사람의 표정은 모두 똑같았다. 이를 악물고 통나무를 받치고 있었다.

교관에 지시에 의해 통나무를 바꿔가며 훈련을 계속했다. 통나무의 위치를 왼쪽에서 오른쪽으로, 다시 오른쪽에서 왼쪽으로 바꿔가며 목공 체조를 하는 것이었다. 정말 대단했다. 3초간 함성을 발사하라는 지시가 떨어지자 "아악~!" 하는 큰 소리가 화면을 가득 메웠고, 곧이어 군가 부르기가 이어졌다. "멋있는 사나이 많고 많지만, 바로 내가 사나이! 멋진 사나이! 싸움에는 천하무적, 사랑 뜨겁게 사랑 뜨겁게 바로 내가 사나이다. 멋~진 사나이!" 훈련은 그 후로도 계속되었고 한참 후에나 마무리 되었다. 이후 저녁식사를 하기 위해 집결하는데, 대기할 때도 훈련과 얼차려는 이어진다. 처음 며칠 동안은 밤에 천장만 넋 나간 듯 바라볼 정도로 훈련에 적응하지 못하던 훈련생들이 어느덧 입을 굳게 다문 채 수첩에 무언가를 적는다. 그리고는 바로 취침에 들어간다. 이런 생활이 자연스레 그들의 일상이 되고, 훈련생들은 더욱더 용맹한 군인으로 거듭나고 있었다.

 4주간의 훈련이 막바지에 이르러 천자봉 행군을 하는 날이었다. 행군은 25kg이 넘는 완전무장을 하고 30여 km를 이동해야만 하는 훈련이다. 평지뿐 아니라 산과 같은 험난한 지역을 넘어야 하며, 급속 행군과 산악 극복 훈련이 주된 목적이기에 행군 속도도 빠르다. 실제 전쟁이 나더라도 이렇게 완전무장을 한 채 험난한 지형을 빠르게 이동하는 것은 매우 힘든 일이다. 훈련생들은 완전무장을 하기 위해 새벽 3시 30분에 기상을 해야 한다. 모두 상기된 표정으로 재빠르게 일어나 무장을 완료하였다. 제한시간 내에 무장을 완료하지 못 하면 얼차려를 받기 때문이다. 이렇게 모든 정비를 마친 후 인원을 파악하고 나면, 훈련단 건물에서부터 맨 앞 기수의 출발을 시작으로 오와 열을 맞춰 천자봉 행군을 시작한다. 깜깜한 새벽에 출발했는데 어느새 날이 밝았다. 걷는 속도가 빠르다보니 이른 아침 안개가 몸에 부딪쳐 철모와 얼굴의 눈썹, 수염들을 하얗게 만든다. 여기서 더 안개가 닿으면 이윽고 투명한 작은 물방울로 바뀌어 아래로 죽 흐른다. 훈련생들은 끊임없는 나

자신과의 싸움을 시작한다. 잠시라도 다른 생각을 하면 행군 대열이 흐트러진다. 앞 사람과 거리가 멀어지고 뒤 열까지 영향을 받으니 수시로 압박이 들어온다. 한 순간이라도 정신을 놓는 순간, 낙오다. 그렇다고 아무나 낙오를 할 수 있는 것은 아니다. 발목 인대가 끊어지는 등 심각한 부상을 입었을 때만 열외로 인정받을 수 있다. 스스로의 다리 움직임에 집중해야만 뒤처지지 않을 수 있다. 포기하려 할 때마다, 울음이 솟구칠 때마다 빨간색 바탕에 노란색 글자로 적힌 해병대 이정표가 보인다. '누구나 해병이 될 수 있다면 나는 결코 해병대에 지원하지 않았을 것이다' 해병대의 이정표 지침을 보며 끝까지 힘을 낸 해병대 훈련생들이 드디어 천자봉 정상에 도착한다.

옆으로 누워 시청하고 있던 나는 어느새 바르게 앉아 박수를 보내고 있었다. 감동의 눈물을 머금으며 말이다. 바뀐 화면에서는 드디어 훈련생들이 빨간 명찰을 수여받는 모습이 보였다. 해병대원이 된 것을 알리는 수여식이 진행되고 있었다. 훈련생들, 아니 해병대원들은 값진 굵은 눈물을 흘린다. 나도 함께 희열을 느끼고 싶었지만, 훈련을 받지 않은 상태로는 같은 감정을 느낄 수 없는 것이었다. 해병대원들이 혹독한 훈련 과정을 통해 얻는 것이 무엇일까 비슷하게나마 느끼려고 노력했다. 조금이나마 느낌이 오는 순간, 얼굴이 흔들릴 정도의 격한 감동을 느꼈다. 나는 이 프로그램을 보며 마음속으로 '아! 이거구나! 바로 이거였어! 인간의 한계를 뛰어넘는 강한 훈련을 받아야만 나의 성격도 조금은 바뀔 거야.'라고 생각했다. 이 정도는 되어야 대중 공포와 발표 공포를 물리칠 수 있을 것이었다. '용광로 같은 해병대에 입대해 내 성격을 새롭게 개조하고 싶다! 성형사출을 하고 싶다!'

🎙 차라리 용광로에서 죽자!

나는 마음을 먹었다. 빡센 해병대에 입대하기로. 예전에 누군가에게 얼핏 들은 이야기로는, 해병대에 다녀오면 성격이 변해서 온다고 하였다. 이왕 군대에 가야하는 거, 정말 힘든 곳에 가서 혹독한 훈련도 제대로 받아보자. 혹시 눈치 없는 행동을 한다면 선임들에게 맞고 혼날 것이고, 이 기회에 담력과 자신감도 키워보자! 나는 잔뜩 긴장한 채로 마음을 정리했다. 나의 한계를 뛰어넘으며 성격도 개선하고, 대중을 무서워하는 소심함도 자신감으로 바꿀 수 있는 계기가 되기를 간절한 마음으로 바랐다. 물론 소심한 내 성격으로는 힘든 일이라는 것을 알고 있었다. 하지만 선택의 여지가 없었다. 꼭 이곳에 가야만 했다. 그래서 원하는 변화를 얻어내야만 했다.

문제는 해병대 시험에 합격을 해야만 다음 일들을 진행할 수 있다는 것이었다. 해병대는 내가 가고 싶다는 마음만으로 갈 수 있는 곳이 아니었다. 신체조건을 비롯해 여러 가지 요소들이 해병대 기준에 부합되어야만 가능했다. 나는 그 기준을 알 수 없었기에 우선은 해병대에 지원부터 하기로 했다.

내가 중요하게 여긴 다른 한 가지는 아무도 모르게 진행하는 것이었다. 내가 해병대에 지원하는 사실을 가족이나 지인들이 알게 된다면 크게 반대할 것이 틀림없었기 때문이다. 말도 더듬고 의사표현도 제대로 하지 못하는 내가 군기가 세기로 유명한 해병대에 간다고 하면 가족들은 걱정부터 할 것이었다.

이는 곧 입대 반대로 이어질 것이 분명했다. 대중 공포가 심하고, 사람들과 말도 잘 섞지 못하며 오히려 심하게 말을 더듬는 사람이 일반 부대도 아닌 해병대에 간다고 하면 누가 선뜻 찬성할까? 오히려 사람이 잘못될 수도 있기에 불안해서 보낼 수 없을 것이다.

평상시 내 행동이 야무지거나 자신감이 있었다면 가족들이 어느 정도는 안심을 했을지도 모른다. 하지만 당시의 나는 누가 봐도 해병대와 전혀 매치가 되지 않는 사람이었다. 설사 그렇다 하더라도 나는 이곳에 가야만 했다. 만약 해병대에 입대하지 못한다면, 마음에 들지 않는 내 성격을 바꿀 기회를 얻지 못한 채 평생을 살아야 할지도 모른다는 느낌이 직감적으로 들었다. 때문에 무슨 일이 있더라도 해병대에 꼭 가야만 했고, 아무도 모르게 조용히 지원하게 되었다. 필요한 정보를 알아본 다음 전북지방병무청에 해병대 지원서를 제출했다. 떨리는 마음으로 합격되기만을 간절히 빌었다. 이건 뭐, 불합격해도 떨리고 합격해도 떨리는 기이한 상황이 되어버렸다.

🎤 하늘이 항상 외면하지는 않는다

해병대 지원 결과는 과연 어땠을까? 하늘이 무너져도 솟아날 구멍은 있다고, 꼭 죽으라는 법은 없나보다. 다행히 하늘이 나의 간절함을 알았던 것 같다. 하늘에서 도움을 주었다. 운 좋게도 전북 지역에서 6:1의 경쟁률을 뚫고 해병대에 합격한 것이다. 120명이 지원했는데 그중 선발된 20명에 내가 포함되어 있었다. 나중에 알게 된 사실인데, 동기들 중에는 여섯 번 만에 합격해서 입대한 동기도 있었다. 해병대에 가고 싶어도 불합격하여 오지 못하는 사람도 꽤 많다는 사실도 알게 되었다.

어쨌든 이렇게 나의 변화를 위한 첫 번째 관문은 통과했다. 다음은 해병대의 힘든 훈련 과정에 대한 마음의 준비를 입대 날짜까지 매일 해야만 하는 것이었다. 수학여행을 손꼽아 기다리는 설렘이 아니라 용광로에 가기 위한 기다림이었다. 이렇게 기다리는 것도 참 힘든 일이었다. 나는 입대 사실을 아무도 모르게 비밀로 해두었다가 가족이 어떻게 해볼 수 있는 시간이 없게끔, 입대하기 이틀 전에야 말씀을 드렸다. 어머니는 마음이 좋지 않아보였지만 자식의 발전을 위해 담담하게 고개를 끄덕이셨다. 큰 형님은 견디지 못할 것 같으면 다시 돌아오라며 걱정하는 마음을 내비추었다.

입대 날짜는 추운 겨울, 12월 중순이었다. 바다 바로 옆에 위치한 경상북도 포항으로 갔다. 혼자 버스를 타고 가서는 해병대 정문 위치를 확인하고 이발을 했다. 괜히 머리카락이 단정치 못하다는 이유로 첫날부터 두들겨 맞고 기합을 받을까봐 겁이 났기 때문이다. 내가 입대하던 1999년 당시만 해도 해병대는 구타가 심하다는 소문이 자자했다. 그렇기에 겁이 나지 않을 수 없었다.

입대 시간이 가까워질수록 마음의 넓이는 좁아졌고 알 수 없는 긴장이 밀려왔다. 이발을 마친 후에는 점심 식사를 했는데, 밥이 어디로 들어가는지 모를 정도였다. 추운 겨울, 처음 와 본 포항에서 혼자 밥을 먹는 건 많이 쓸쓸했다. 밥을 먹다가 눈물을 흘릴 뻔도 했다.

2~3시쯤 되어 해병대 정문으로 들어갔다. 마음이 무거웠다. 과연 내가 2년 2개월 동안 힘든 군대 생활을 잘 이겨낼 수 있을 것인가, 중간에 탈영을 하지는 않을까, 사고를 치지 않을까 등 걱정이 앞섰다. 한편으로는 내 성격을 바꾸기 위해서는 혹독한 훈련이 필요하니까 힘내자는 다짐도 하였다.

🎤 진짜 용광로에 들어가다

　해병대 정문에 들어서자 전국에서 온 예비 해병대원들과 그들의 가족을 볼 수 있었다. 서로 대화를 나누고, 악수도 하고, 포옹도 하는 등 정겨운 시간을 보낸 뒤 집합의 시간이 다가왔다. 로보캅보다 더 인정사정없는 표정의 교관들이 호루라기를 불며 우리를 모았다. 대표 교관은 우리들에게 지켜야 할 규칙들에 대해 간단히 이야기해 주었다. 그 후에는 가족들을 향해 손을 흔들고, 부대 안으로 오와 열을 맞춰 이동했다. 군 생활이 시작된 것이다.
　입대한 날부터 한 3일간은 입고 온 사복을 입었다. 밤에 훈련을 다 마친 후에 천장을 바라보는데, 야영을 하러 온 것도 아니고 밖에 나가서 무언가를 사먹을 수도 없었다. 그저 교관의 명령에 따라 움직여야만 했다. 자유는 없었다.
　3일 정도 지난 후, 교관은 훈련단 연병장에 대원들을 열 맞춰 앉혀놓은 다음 솔깃한 제안을 했다. 훈련이 너무 힘들어서 적응을 하지 못할 것 같은 사람은 눈치 보지 말고 지금이라도 일어서라는 것이었다. 즉, 집에 가도 좋다는 이야기였다. 솔직히 몸도 마음도 춥고, 마치 북한에 온 것 같은 느낌이 들었기에 나는 이런 분위기가 아주 싫었다. 그래서 한 번 일어설까 마음속으로나마 생각하기도 했다. 하지만 나의 대중 공포를 극복할 힘을 얻기 위해서는 어떻게든 용광로 같은 이곳에서 나를 송두리째, 모조리 바꾸어야만 했다. 한 번 뿐인 인생을 평생 소심하게 살 수만은 없었다. 교관의 제안을 들은 몇 명은 실제로 일어섰고 결국 집으로 돌아갔다.
　시청자로서 텔레비전으로 훈련생의 모습을 보던 느낌과 내가 직접 훈련생이 되어 체감하는 느낌의 온도는 완전히 달랐다. 모든 것을 실제로 경험해 보니 장난이 아니었다. 이때 나는 '왜 우리나라는 군대가 있을까?' 하고 진심으로 한탄하기도 했다.

이곳에서는 샤워도 할 수 없었고 양보라는 미덕도 일단은 의미가 없었다. 그저 약육강식의 생존 원칙만이 존재하는 곳 같았다. 하루 온종일 훈련을 해야 했고, 훈련을 마친 뒤 간단하게나마 몸을 씻을 수 있는 시간은 정말 짧았다. 시간이 넘으면 교관이 강하게 압박했다. 마치 때려눕힐 것처럼 팔과 발로 모션을 취했고, 동작이 느린 훈련생들은 실제로 워커 발에 엉덩이를 걷어차이기도 했다. 겨울인데 몸도 마음도 춥고, 훈련은 힘들고 모든 것이 다 힘들었다. 7일간의 지옥주도 있었다. 지옥주 동안에는 잠을 하루에 2~3시간밖에 자지 못했다. 밥도 소량의 주먹밥 정도만 먹고 버텨야 하는 가장 힘든 훈련을 받았고 이겨내야만 했다.

고된 훈련을 극복하고 나니 이제는 천자봉 훈련이 우리를 기다리고 있었다. 예전에는 누워서 텔레비전으로 봤던 것을 직접 해보는 꼴이었다. 결국은 천자봉 행군을 마지막으로 6주간의 모든 훈련이 끝났다. 그 후 빨간 명찰 수여식을 하였다. 동고동락하며 함께 한 동기와 눈물을 흘리며 헤어지게 되었고, 실제 군 생활이 이루어지는 내무반으로 이동했다.

길게만 느껴졌던 훈련단 시절이 끝나서 이제는 좀 군 생활이 끝나는 줄 알았는데, 2년 2개월의 군 생활 중 이제 초반이 살짝 지난 것이었다. 이제부터가 진짜 힘든 군 생활이 '시작'된 것이었다.

역시 장난이 아니었다. 훈련단 시절은 내무생활에 비하면 그렇게 힘든 것도 아니었다. 내무생활은 너무 힘들었다. 맨 위의 서열부터 막내인 나까지 기수별로 탄탄하고 촘촘하게 조직이 구성되어 있었다. 쉽게 바꾸어 말하면, 왕부터 노비까지 서열이 매겨있는 듯 했다. 나는 이 엄청난 심리적 압박감과 중압감을 견뎌야만 했다.

막내일 때 내무생활에서 가장 힘들었던 일은 기상시간보다 훨씬 일찍 일어나서 아무도 모르게 군복을 갈아입고 모든 준비를 다 마쳐놓아야만 했던 것이었다. 그리고 실제 기상 안내 음악이 울리면 모든 선임들에게 출입문 가까이에서 '기상 15분 전', '5분 전' 등을 보고해야만 했다. 눈을 뜨면 정말 1년 같은 하루를 보냈다. 이런 모든 상황이 제발 꿈이길 바랐다. 서서히 내가 했던 판단에 후회가 들기 시작했다. 너무 힘들었기 때문이다.

한 번은 선임이 가족이나 여자친구에게 안부 전화를 하라고 시간을 주었다. 나는 조금이라도 힘든 티를 내면 부모님께서 크게 걱정하실까봐 마음을 강하게 먹고 연기를 했다. 눈물도 잘 참았다. 자신감 있고 늠름한 어조로 밥도 잘 먹고 훈련도 잘 받고 있다고 말씀드렸다.

다음으로는 많이 친했던 친구에게 안부 전화를 했다. 석주는 나에게 "견딜만하냐?"고 물어봤고, 그 질문에 나는, 나도 모르게 숨이 콱 막혔다. 폭풍 같은 눈물이 하염없이 주룩주룩 흘러 내렸다. 멈추질 않았다. 수화기 너머 친구는 "야! 왜 그래? 왜 말이 없어? 너 우냐?"라며 말을 이어갔다. 그렇게 폭풍 같은 눈물은 한동안 멈추질 않았다.

🎙️ 혼나더라도 무대 연습을 해야만 한다

내가 아무리 힘들더라도 시간은 조금씩 꾸준히 흘렀다. 이병에서 일병으로 진급하면서 서서히 군 생활에 적응하기 시작했다. 이때부터 나는 무대 연습을 하기로 했다. 누군가가 무언가를 시키면 무조건 하기로 했다. 선임이 "야, 누가 재미있는 이야기 알고 있냐?", "누가 노래 한 곡 해볼래?"라고 물어보면 나중에 혼나고 얼차려를 받더라도 일단 무조건 손을 들기로 했다. 이왕 힘든 거, 나만의 가장 중요한 숙제를 조금씩이라도 하기로 다짐한 것이다. 연습 기회가 왔을 때 무조건 손을 들자는 자기 암시를 하루에도 수백 번 마음속으로 되새겼다.

그후 어디 훈련을 나가서 선임들이 "야, 누가 노래 한 곡 해봐라!" 라고 이야기를 하면 나는 "일병, 박상현! 제가 한 번 해보겠습니다!"라고 외쳤다.

"네가 기쁠 때, 내가 슬플 때 누구나 부르는 노래~ 네가 만난 사람도 내가 만난 사람도 어차피 쿵짝이라네, 쿵짝 쿵짝 쿵짜자 쿵짝 네 박자 속에~ 사랑도 있고 이별도 있고 눈물도 있네~"

다 듣고난 후 선임이 "괜찮았어! 근데 네 맞선임 좀 데려와 봐라! 박상현 위에 맞선임! 너도 노래 불러! 네 후임이 분위기 망친 죄다!"라고 해서 모두 말을 잃은 적도 있다.

또, 제초작업을 하다가 선임 중 한 명이 "누구, 진짜 재미있는 이야기 알고 있는 거 해봐라! 나 이번 주 일요일 새로 알게 된 여성 면회 온다."라고 할 때도 나는 어김없이 "제가 한 번 해보겠습니다."라고 자원했다.

선임: 그래, 해봐!
나: 넌센스 퀴즈 한 번 내보겠습니다. 바나나가 웃으면 네 글자로 뭐가 되는지 아십니까?
선임: 몰라!
나: 바나나킥입니다.
모두: ······.
선임: 뭐냐?
나: 연습 문제였습니다. 진짜 문제를 내겠습니다. 교통사고를 세 글자로 줄이면 뭐가 되는지 아십니까?

선임: 뭔데?

나: 붕어빵입니다. (자동차가) 부우우웅! 어!?(놀람) 빵!(추돌)

선임: 야, 지금 장난해! 너 쪼그려 뛰기 10회 실시!

나: 일병 박상현! 쪼그려 뛰기 10회 실시하겠습니다! 하나! 둘! 세엣! 네 엣! 다섯! 여섯! 헉, 이이일곱!, 여어어…… 헉 됇!, 아호옵! 열!

선임: 똑바로 해라잉!

나: 똑바로 하겠습니다!

이렇게 나는 군 생활을 하며 틈이 날 때마다 손을 들고 발표 경험을 쌓으려고 노력했다. 그리고 대략 2년 후

🎤 제대하다

드디어 힘든 해병대 생활을 모두 마치고 제대를 하게 되었다. '이 날이 오긴 오는구나.' 새삼 느꼈다. '이제 어떠한 군대 규칙에도 속박당하지 않아도 된다. 내 마음대로 사회를 살면 되는 것이다.'

포항 제 1사단 해병대 정문 앞 오천읍에서 포항시외버스터미널까지 택시를 타고 가기로 했다. 마침 주위에 동기 한 명이 있었고 목적지가 같아서 택시를 같이 타게 되었다. 택시 뒷좌석은 편안했고, 안에 은은하게 퍼지는 싸제(사회용품이라는 군대 은어) 향기는 아주 진하고 일품이었다. 달달하고 좋았다. 한참 나중에 사회에 적응한 뒤 알고 보니 이 향은 1000원 마트에서 파는 흔한 싸구려 향수였다. 그래도 좋았다. 군대에서 군인들의 땀 냄새만 맡

다가 달달한 향기를 맡으니까 좋을 수밖에 없었다. 우리는 민간인들의 모습들이 신기했고, 한 명이라도 더 보기 위해 바삐 눈을 움직였다. 그런 모습을 본 택시 기사님은 "축하해요"라는 말씀을 건네면서 빙그레 한 번 웃었다. 그리고는 핸들을 돌렸다. 직선으로 쭉 뻗은 도로가 나와서 시야가 트였을 때, 기사님이 우리에게 한 말씀 하였다.

"내가 과거에 직업으로 무슨 일을 했든지 간에 지금은 택시 운전을 하니까 과거에 했던 일의 노하우나 전문성은 현재 아무 소용이 없게 되었어. 이제 자네들도 앞으로 직업으로 뭘 할 것인지 잘 생각하고 결정해서 좀 비전 있는 일을 오래하는 게 좋을 거야."

직업적으로 인생 초반을 잘 시작하는 게 좋다는 말씀이었다. 평범한 이야기 같았지만 전혀 모르는 분이 우리를 생각해서 해주신 귀한 말씀이었고, 다른 한 편으로 생각해보니 내가 모르고 있던 좋은 관점에서의 말씀이었다.

포항시외버스터미널에 도착해서 대구로 가는 시외버스를 탔고, 대구를 지나서 우리 집에 도착했다. 가족 모두에게 안부를 전하고 자유를 만끽했다. 오늘부터 보내는 사회에서의 시간은 모두 선물이었다. 아침에 늦게 일어나도 뭐라고 하는 사람도 없었고, 점심밥을 꼭 안 먹어도 되었고, 밤늦게까지 맥주를 마셔도 누구 하나 뭐라고 하는 사람이 없었다. 모든 것들이 자유였다. 정말 내가 이렇게 자유롭게 살아도 되는 건지 약간 의심스러울 정도였다. 이제 자신감도 많이 생겨서 사람들 앞에서 이야기하는 것도 어느 정도는 할 수 있을 것 같았다.

입대하기 전보다 몸도 좋아졌고, 2년 넘게 꾸준히 술과 담배를 하지 않고 규칙적으로 식사와 운동을 했더니 건강 상태 역시 매우 좋아졌다. 예전에는 고질적으로 장이 좋지 않아서 소화가 잘 되지 않았었는데 이제는 장이 아주 좋아졌다. 건강에 대한 웬만한 문제들이 다 해결되었다. 운동 신경도 예전보다 더 좋아진 것 같고, 사람들을 대하는 깡도 많이 생긴 것 같았다. 누가 나에게 싫은 소리를 해도 아무 말도 못 했었는데 지금은 이야기할 수 있고, 부당한 대우를 받는 것 같으면 엎어버릴 수도 있을 것 같았다. 누가 내게 어려운 부탁을 해도 거절을 할 줄 몰랐는데 이제는 당연히 거절할 수 있고, 오히려 내가 필요하면 부탁을 할 정도까지는 된 것 같다.

3장

못하지만 내가 하고 싶은
일을 하며 살고 싶다

못하지만 내가 하고 싶은 일을 하며 살고 싶다

🎤 천릿길도 한 걸음부터

군대에 있을 때 사회에서 무슨 일을 할 것인지 틈날 때마다 일기장에 적었다. 일단 내가 어떨 때 힘이 나고 기분이 좋아지는지, 언제 눈빛이 빛나는지 생각나는 대로 적어봤다. 그렇게 정리를 해보니까 첫째, 나는 운전하면서 음악 듣는 것을 좋아한다. 그리고 남들 앞에서 어려운 텀블링 기술을 뽐낼 때 내 동작을 보고 놀라거나 환하게 웃음 짓는 사람들의 모습을 보면 짜릿한 기분을 느낀다. 또한 내가 의도치 않게 사람들에게 재미를 주었을 때 기분이 좋아진다. 내가 한 행동 덕분에 사람들이 배꼽을 잡고 웃으며 행복해하는 모습을 보면 나도 기쁘고 좋았다. 다음은……

이렇게 여러 가지 항목들을 적어보면서, 나는 사람들 앞에서 무언가를 해서 그들에게 즐거움을 주는 일을 특히 좋아한다는 공통점을 발견할 수 있었다. 역시 내가 하고 싶은 일은 대중들을 즐겁게 하는 일이었다. 즉, 쇼맨십을 필요로 하는 일이었다. 그렇다면 대중들을 즐겁게 할 수 있는 일들에는 어떤 것들이 있을까? 또 생각하고 적어보았다.

그 결과 합기도 관장, 서커스단, 쇼 바텐더, 스턴트맨, 레크리에이션 강사, 개그맨 등 다양한 직업군을 찾을 수 있었다. 그 중 쇼 바텐더는 내가 술 주조 등 관련 분야에 관심이 없기에 나와는 잘 맞지 않을 거라고 판단했다. 스턴트맨 역시 운동 신경이 꽤 좋은 편이지만, 위험한 상황이 많이 발생하고 자칫 잘못하면 생명에 지장을 줄 수 있으므로 내가 소화하기에는 너무 어려운 일이라는 생각이 들었다.

이렇게 하나둘씩 아닌 것들을 지워나가면서 이왕이면 말로 남들을 즐겁게 하는 일을 하고 싶다는 결론을 내렸다. 말로 대중을 즐겁게 하는 다양한 직업 중, 현실적으로 레크리에이션 강사가 가장 나와 잘 맞는 것 같았다. 그런데 나는 무대에서의 끼는 조금 있었지만 말발이나 사회 기법, 진행 기법 등 레크리에이션을 진행하기 위한 방법에 대해서는 도저히 감을 잡을 수 없었다. 하지만 쉬우면 도전을 할 필요가 없지 않은가! 레크리에이션 강사는 도전해볼만한 가치가 있었다. 내가 하고 싶은 일이 틀림없다는 확신이 들었다.

방향을 정한 후, 행사 사회자가 될 수 있는 방법을 가르쳐주는 곳이 없는지 찾아보며 꾸준히 관심을 가졌다. 그러던 어느 날 우연히 KBS 프로그램인 'VJ 특공대' 방송을 보게 되었다. '별의별 사회자'라는 제목의 방송이었던 것으로 기억한다. 칠순 잔치부터 동호회 사회 등 다양한 무대를 누비는 여러 사회자들의 모습을 촬영한 내용이었다. 무대는 작고 어설프지만 사회자들은 화장부터 의상, 액세서리까지 화려한 모습으로 무대를 휘어잡았다. 그리고는 인터넷에서 검색을 해보았다. '레크리에이션', '레크리에이션 교육', '사회자' 등의 단어로 검색해보았더니 관련 교육 업체가 서로 경쟁을 펼치듯 많이 나왔다.

나는 레크리에이션 진행 초반에는 관객들에게 어떠한 이야기를 해야 하고, 또 관객들을 무대 위로 어떻게 올리고, 또 올려서 어떻게 춤을 시켜야 되는지 등의 구체적인 기술들을 배우고 싶었다. 여러 업체 중 몇 군데에 전화를 해보았다. 비용은 3박 4일에 48만원이었다. 비쌌다. 나에게 48만원은 큰 목돈이었다. 그렇더라도 나는 배워야 했다. 돈도 없고 아직 등록도 하지 않았는데, 벌써부터 교육을 받을 생각에 설레고 긴장되었다.

무슨 일을 해서든지 빨리 돈을 만들어야 했다. 인력사무실에 가자. 여러 아르바이트가 있지만 일반 아르바이트들은 일이 편한 대신 시급이 적었다. 차라리 힘들더라도 빡세게 일을 해서 빨리 돈을 버는 게 나았다. 나에게는 건강한 몸이 있지 않은가.

인력사무실의 위치를 확인하고 다음 날 새벽 5시에 찾아갔다. 장갑과 작업복을 미리 가방에 챙겨갔다. 이른 새벽이었지만 인력사무실은 분주했다. 오래 일한 것 같은 인부들이 사무실 소장의 안내에 따라 하나둘씩 인력사무실을 빠져나갔다. 반면 나도 새벽 일찍 왔는데 내 이름은 불리지 않았다. '내 이름이 불려야 되는데…' 긴장되었다. '제발 내 이름을 불러주세요.' 사무실 시계의 초침이 돌아가는 소리가 점점 크게 들리기 시작했다. 애타는 마음이 정점에 다다를 때, 드디어 "박상현 씨!"라고 내 이름이 불렸다. "앗, 네!" 휴! 다행이었다.

나와 함께 호명된 사람들은 다같이 승합차를 타고 시외로 이동했다. 도착한 곳은 아파트 공사 현장이었다. 함께 간 인력들 중에 리더가 있었다. 우리는 말없이 리더를 따라갔다. 현장에 있는 식당 안으로 들어가 아침밥을 먹었다. 이미 집에서 소량의 밥을 먹고 왔지만 계란프라이와 시원한 국물이 입맛을 당겨 적당량의 밥을 덜어서 먹었다. 감칠맛이 느껴지는 밥이었다. 식사를 다 하고 나니 아침 6시 50분 정도였다. 몇몇은 서서 담배를 태웠고, 몇몇은 커피를 마셨다. 그때 어디선가 현장 소장이 와서 리더에게 지시를 내렸다. 그리고 업무를 나눴다.

내가 맡은 업무는 공사 중인 아파트 각 방 안에 들어가서 시멘트 쓰레기를 모두 치우는 일이었다. 현장을 오가는 감독관의 눈치를 보지않고 묵묵히 일을 했다. 계속 앉아서 콘크리트 쓰레기를 걷는 작업을 해야 해서 가끔은 허리가 끊어지는 것 같았다. 그래도 이렇게 사지 멀쩡하게 일을 할 수 있어서 기뻤다. 오후 6시까지는 시간이 참 길게 느껴졌다. 점심시간이 있어서 천만다행이었다. 어느덧 업무 종료 시간이 되었다. 일이 다 끝날 즈음, 현장 감독관이 내일 또 오라며 내게 말을 건넸다. 농땡이 피우지 않고 일을 잘한다는 이유였다. 그렇게 한 달 정도 일하면서 목돈을 모았다.

🎤 3박 4일의 레크리에이션 교육을 받다

드디어 레크리에이션 교육을 신청했다. 전화해서 교육 일정 여부를 다시 확인하고 바로 입금했다. '설마 사기는 아니겠지? 다들 끼도 좋고 말도 엄청 잘 하는 사람들이 올 거야. 자기소개도 해야 하는데 또 덜덜 떨면 어쩌지? 3박 4일이 지옥이 될 거야.' 벌써부터 오만가지 걱정이 들고 긴장되었다.

며칠 후, 경기도 의정부 부근에서 3박 4일의 교육이 시작되었다. 무엇보다 처음 이미지가 중요하다고 생각했기 때문에 한 100번 정도 소리 내서 자기 암시를 했다. "뻔뻔하게 하자. 뻔뻔하게 하자. 뻔뻔하게 하자. 배짱 있게 하자. 배짱 있게 하자. 엎어버리자. 엎어버리자. 최선을 다하자. 얼굴에 철판을 깔자……." 복장도 나름 신경을 많이 썼다. 왁스를 잔뜩 묻힌 번개 헤어스타일에 선글라스를 쓰고, 힙합 비슷한 청바지에 아주 예쁜 검은색 구슬과 체인도 장착했다. 이때는 이 스타일이 나름 최첨단이었고 멋있는 스타일이었다.

교육 첫 날, 첫 시간. 강사는 다들 오늘 처음 왔으니 한 사람씩 앞으로 나와 자기소개부터 하자고 제안했다. 이곳에 오게 된 계기, 동기 그리고 목적을 기본적으로 이야기해달라고 하였다. 나도 모르게 손을 번쩍 들어버렸다. 사람들 앞으로 걸어가 꽤 큰 목소리로 "얼굴은 사랑스럽지 않지만 마음은 뜨끈뜨끈 사랑스러운 남자, 박상현입니다! 와우!" 이렇게 이야기를 시작했는데 그 다음에 할 말이 생각나질 않았다. 그래서 미리 자기소개를 적어놓은 쪽지를 호주머니에서 꺼내 읽었다. 그랬더니 내 앞에 있던 30명 정도의 동기들이 아주 크게 환호했다. 나는 진짜 생각이 나지 않아서 쪽지를 꺼내서 본 건데, 동기들은 고도의 연출이었다고 생각했던 것 같다. 그 다음부터는 내가 무대에 나와서 무엇을 하든 동기들은 웃어줬다.

3박 4일 동안 둘씩 짝지어서 포크댄스도 배우고, 강사의 감탄을 자아내는 기타 연주에 맞춰 싱얼롱 율동도 배웠다. 행사 분위기를 띄우는 음향기기에 대해서도 배웠다. 아주 즐겁고 재미있었다. 마지막 날에는 실제로 캠프파이어를 체험하고 실습해보면서 캠프파이어에 대해 배워보는 시간을 보냈다.

강사는 레크리에이션 강사들은 스스로도 스킨십을 잘 해야 한다고 하였다. 그래야 관객들에게 스킨십을 자신감 있게 시킬 수 있다는 것이었다. 그러면서 남녀 두 명씩 짝을 지으라고 했다. 두 명씩 짝을 지은 뒤 캠프파이어를 둘러싼 동그란 대형으로 섰다. 그리고 파트너와 서로 온 몸이 밀착되도록 꼭 껴안으라고 했다. 민망해하는 사람들에게 강사는 스킨십을 이상하게 생각하거나 민망해하면 프로가 될 수 없다며 다시 꼭 껴안으라고 지도했다.

내 파트너는 강원도에서 온 20세 여대생이었다. 나는 강사의 지도대로 파트너를 아주 꼭 껴안았다. 1~2분 정도를 꼭 껴안았는데 많이 좋았다. 돈이 아깝지 않았다. 생 노가다를 열심히 하고 나니 이런 행복도 찾아온다는 생각에 기뻤다. 동시에 막노동을 거쳐 여기까지 오게 된 과정들이 파노라마처럼 머릿속을 스쳐 지나갔다. 이윽고 스킨십의 시간이 끝이 났다.

스킨십을 제대로 실습해본 3박 4일 교육이 끝나고 난 뒤, 여자를 대하는 내 태도에도 변화가 생겼다. 일상에서 여자 지인들을 만날 때의 일이다. 전에는 상대편의 눈도 제대로 못 쳐다봤던 내가 인사차 상대방을 안아버렸다.

넉살이 무척 좋아진 것이다. 사람들을 대하는 배짱이 아주 많이 생기게 된 것이었다. 한참 후 직접 레크리에이션 진행을 하면서 알게 된 것이지만 관객들끼리 악수하거나 포옹하게 하는 것은 전혀 이상한 것이 아니고 아주 따뜻한 행동이라는 것을 더 깊게 알게 되었다. 그걸 잘 알기에 거침없는 지도도 할 수 있었다.

3박 4일은 아주 유익한 시간이었고, 배울 점이 많은 사람들을 만난 기회의 시간이었다. 새로운 세계를 보게 된 계기가 되었던 것 같다. 함께 한 동기들이 보여준 무대 위에서의 뜨거운 열정도 나를 용광로처럼 들끓게 했다. 마지막 날 한 사람씩 교육 소감을 말하는 자리가 있었는데, 어쩜 이리 다들 말을 잘 하는지 정말 신기할 따름이었다. 좋은 교육을 통해 세상에는 자기가 하고 싶어 하는 일을 하기 위해서 노력하는 사람들이 생각보다 더 많다는 걸 알게 되었고, 큰 깨달음을 얻었다. 교육을 받기 위해 투자한 48만 원을 뛰어넘는, 그 이상의 가치를 얻을 수 있었다.

🎤 이거 뭐, 레크리에이션을 어디 가서 해야 돼?

교육을 잘 받고 좋은 여운을 남긴 채 집으로 돌아왔다. 교육이 종료되던 날 당일, 동기 중 한 명이 인터넷 커뮤니티를 만들 테니까 거기서 계속 온라인상으로라도 모이자고 했다. 교육이 끝난 지 몇 시간이 채 되지도 않았는데 '22기들의 도전, 감동, 환희'라는 제목으로 Daum에 인터넷 카페를 만들어 놨다는 연락이 왔다. '하여간 우리 동기 분들 정말 부지런하십니다.'

카페에 들어가보니 3박 4일 동안의 뜨거웠던 열정이 묻어있는 사진들도 많았다. 이 사진들에는 재미있는 댓글도 많이 달렸다. 추억도 되살리고 서로가 발전할 수 있는 여러 좋은 정보들도 공유하고자 여러 글들을 읽어보며 그때의 환희와 감동을 곱씹었다. 여운은 쉽게 가시지 않았고 그렇게 며칠이 지났다. 그리고 한 달 가까이 시간이 흘러 해당 기관에서 레크리에이션 1급 자격증이 우편으로 도착했다. 뭔가 하나 이루어낸 것 같았다. 이제 자격증도 받았겠다, 레크리에이션 강사 활동만 시작하면 되는 것이었다.

그런데 잠깐만, 레크리에이션을 하려면 어디를 가야되나? 어떻게 해야 되나? 막상 레크리에이션을 시작하려고 하니 어디에 가서 뭘 어떻게 해야 되는 건지 전혀 알 수 없었다. 다시 한 번 더 생각해보니 앞길이 막막했다. 일단 나는 레크리에이션 무대를 정식으로 진행해본 적이 없었다. 어디서 레크리에이션 사회를 봐달라고 연락이 와도 도저히 소화할 수 없는 상태였다. 교육도 받았고 자격증도 있었지만 무용지물이었다.

우리 동기 중에는 개그맨을 준비하는 형도 있어서 그 형에게 자문도 구해보고 나 스스로 고민도 많이 해봤다. 형에게 전화를 하니 형은 지금 내가 왜 전화를 했는지 잘 알고 있다는 듯 이야기했다. 마치 본인이 나보다 한참 전에 이미 겪었던 과정처럼 말이다.

전화통화를 마치고 곰곰이 생각을 해보았고, 생각 끝에 얻은 결론은 '아, 내가 레크리에이션이 운영되는 곳들을 적극적으로 알아보는 수밖에 없겠구나!'라는 것뿐이었다. 레크리에이션 사회가 보통 어디에서 이루어지는지 잘 생각하면서 레크리에이션 관련 문구가 들어가는 업체나 행사 정보를 찾기 위해 걸어갈 때, 광고판, 신문을 볼 때 등 모든 것들을 볼 때 유심히 잘 살펴보았다. 그리고 이왕이면 실제로 레크리에이션이 자주 이루어지는 곳, 실행되는 곳이 발견되길 바랐다.

🎤 청소년 수련원에 전화를 하다

먼저 여러 생활정보지를 가져와서 이것저것 살펴봤다. 구인, 구직란에서부터 중고 물품 판매 정보, 그리고 짧지만 좋은 글까지 구석구석 면밀하게 살펴보았다. 가끔씩 여러 정보들에 푹 빠져 있다가 내가 지금 뭘 하려고, 뭘 찾으려고 했는지 가끔 망각할 때도 있었다. '레크리에이션'이라는 단어는 안 보이고 레포츠, 레토나 뭐 이런 비슷한 단어들만 가끔 보였다. '아! 레크리에이션 업체를 찾아야 되는데…… 보이지가 않네! 도대체 어디 있는 거야?' 내가 하고 싶은 일을 하면서 산다는 게 그렇게 녹록하지는 않았다.

생활정보지에 나와 있는 글자들을 너무 많이 보았더니 눈도 아프고 머리도 아팠다. 게다가 배고프기까지 했다. "에라! 라면이나 끓여먹어야겠다!" 적당한 물을 냄비에 붓고 물이 팔팔 끓을 때 라면과 스프, 계란을 넣었다. 그리고 싱싱한 생김치를 반찬으로 꺼냈다.

라면이 적당하게 잘 익었을 때, 생활광고지 위에 라면 냄비를 놓았다. 탱글탱글한 면발, 이 꼬들꼬들한 맛은 언제 맛보아도 질리지 않았다. 라면 국물도 일품이었다. 뜨겁지만 양손으로 냄비를 통째로 들고 국물을 한 모금 마셔봤는데 뜨끈뜨끈, 땀이 흐르고 콧물까지 나오지만 그 맛이 아주 얼큰하고 좋았다. 그 순간만큼은 고민하고 있던 모든 것들을 잊을 수 있었다. 맛있고 아까운 라면 국물에 촉촉한 흰 쌀밥을 말아 먹으면 훨씬 더 행복해진다는 것을 잘 알고 있었기 때문에 라면 국물에 밥 한 그릇을 말아서 맛있게 김치와 뚝딱 먹어치웠다. 먹는 데 채 몇 분도 안 걸렸다. 이런 맛있는 맛을 짧게 느껴야 한다는 게 속상할 정도였다. 맛을 더 느낄 수 있었지만 이미 배는 불러버렸다. 이런 행복도 잠시, 탱글탱글한 라면은 온데간데없이 사라졌고 내 눈앞에는 처참한 그릇들만 남아 있었다. 이제 설거지를 해야만 했다. 정신을 차리고 가벼워진 냄비를 들어 올리며 일어서려 했다.

그 순간이었다. 냄비를 받치고 있던 생활정보지가 뜨거운 열에 열 받은 듯 담담하게 놓여있었는데 무언가 보이는 것이었다. 아니 생활정보지에 '레! 크! 리! 에! 이! 션!'이라는 단어가 꾸밈없이 놓여 있는 것이었다. '아니 내가 레크리에이션이라는 단어를 너무 많이 생각했더니 이제 헛것이 보이나?' 나도 모르게 고개를 앞으로 쭈욱 내밀며 다시 한 번 그 생활정보지를 보았다. '어어~? 진짜 레크리에이션이라는 글자가 맞네? 레토나 중고차 100만원 아니네?!'

나는 수저와 젓가락 등이 담긴 냄비를 싱크대에 대충 던져놓다시피 놓았다. 그리고 냄비의 열기로 인해 냄비의 동그란 크기만큼 다림질이 되어있는, 라면 국물이 조금씩 튀어 파란만장한 흔적을 고스란히 가지고 있는 생활정보지를 자세히 들여다보았다. 자세히 보았더니 정말 '레크리에이션 진행할 줄 아는 분 환영'이라고 쓰여 있는 것이었다. 선명하고 또박또박한 검정색 글자였고, 업체 정보와 함께 전화번호가 나와 있었다. '청소년 지도자 모집 또는 레크리에이션 하실 수 있는 분 환영'이라는 문구가 전화번호와 함께 또렷하게 보였다.

나는 전화번호를 보고 잠시 심각한 생각을 하고서는 목을 다듬고 입을 잠깐 풀었다. "푸르르르르르르. 푸르르르르르르." 그리고 긴장된 마음으로 전화기 버튼을 눌렀다. '좀 떨린다.' "아! 아! 안녕하십니까? 뭐 좀 여쭤보겠습니다……." 나는 전화를 해서 구체적으로 무슨 업무인지 자세히 물어보았고, 나의 상황과 자초지종을 최대한 신중하고 성의 있게 잘 말씀드렸다. 그랬더니 전화를 받으신 분이 한 번 이력서 가지고 며칠 후에 와보라고 하는 것이었다.

🎙️ 나의 외모가 마음에 안 든다고 하다

    며칠 후에 나는 형 차 '레조'를 빌려서 직접 운전해서 그 곳에 갔다. 길이 일직선 도로는 별로 없었고 굽이굽이 꺾어지는 국도를 따라 계속 운전해 갔다. 전화로 설명들은 입간판은 도무지 안 보이고, 미국의 어디 사막 도로를 달리는 것 같았다. 졸음이 너무 쏟아져서 뻗으려고 할 때쯤, 안내해 준 지점이 보였다. 부근에 왔더니 산이 있었다. 그리고 산이 시작되는 초반 언덕에는 여러 건물들이 있었고 조금 더 올라가보니까 메인 건물이 웅장하게 서있었다.

    나는 건물 사무실에 가서 담당자 분들에게 정중하게 인사를 드리고 이야기를 나누었다. 실제 영향력이 있는 담당자 분이 나의 겸손하면서도면서도 당당한 걸음걸이와 태도가 맘에 들어서 오케이를 했다는 사실을 나중에 알게 되었다. 또 다른 담당자 한 분은 나의 외적인 부분이 마음에 안 들어서 뽑기 싫어 했다는 이야기도 들었다.

    외적인 부분이 마음에 안 들어서 뽑기 싫었다는 이야기를 듣고 한 번 거울을 봤는데, 뭐 그럴 수도 있다는 생각은 들었다. 어쨌든 나는 나의 꿈을 시작할 수 있는 최소한의 디딤돌을 마련했다는 사실에 만족스러웠다. 그때부터 그 청소년 수련원과 인연이 닿게 되었다.

🎤 학생들이 나에게 별명을 지어주다

청소년 수련원에는 초등학생, 중학생, 고등학생, 대학생 등의 청소년들이 심신을 단련시키기 위하여, 그리고 그 이상의 좋은 변화를 도모하기 위하여 많이들 찾아왔다. 주로 학교에서 많이 왔고 종교 단체에서도 많이들 왔다. 또는 대관의 형태도 있었다. 주로 낮에는 심신을 단련할 수 있는 활동성 프로그램이 많았고, 저녁에는 캠프파이어 등의 레크리에이션 프로그램이 많이 운영되었다. 주로 1박 2일, 또는 2박 3일 일정이 많았다.

내가 처음 이 수련원에 갔을 때는 당시의 주간 프로그램과 레크리에이션을 담당하고 있던 아웃소싱 교육 팀이 교체되는 시기였다. 몇 달 후에 알게 된 내용이지만 이 팀들은 본인들이 교체된다는 사실을 모르고 있었다. 어떻게 보면 이 팀들은 현실에 안주하고 있었던 셈이다. 그 팀은 그동안 해오던 대로 학생들을 지도하고 레크리에이션을 진행했다. 2000년대 초반인 1월 말쯤으로 기억한다. 레크리에이션을 직접 진행하는 강사와 레크리에이션 진행 시 필요한 음악을 공급해주는 음향을 담당하는 보조강사가 있었다. 나와 다른 청소년 지도자들은 청소년 지도자 복장을 입고 기존 교육 팀이 지시한 대로 학생들을 인솔, 관리하고 프로그램 진행에 도움을 주는 업무를 수행했다.

레크리에이션 팀은 분위기를 조성하고, 학생들을 즐겁게 이끌면서 협동심, 화합, 배려, 희생, 기타 등등 심신을 단련할 수 있도록 지도해 교육 목적까지 달성해냈다. 그들이 선보이는 어려운 지도법을 보면서 놓치지 않고 조금이라도 흡수하기 위해 노력했다.

학생들은 이 교육 팀의 주 강사를 땅콩 선생님이라고 불렀고, 보조 성격의 다른 강사는 헐크 선생님이라고 불렀다. 그리고 이 청소년 수련원에는 고등학교 교장 선생님을 거치고 장학사도 했던 원장님이 계셨는데, 원장님도 각 선생님들을 땅콩 선생님, 헐크 선생님이라고 별명을 그대로 사용하여 불렀다. 근엄하신 분들이 각 선생님들을 별명으로 부르자 좀 신기하기도 했다. 그래서 우리도 거리낌 없이 그분들의 별명을 불렀다. 이곳에서의 신선한 룰이었다.

곧 우리들에게도 별명이 생기게 됐다. 별명은 학생들이 공감할 수 있는 신선함을 나름의 기준으로 하여 정해졌다. 나는 김범수 선생님, 또 같이 들어온 한 선생님은 지진희 선생님, 또 한 선생님은 비 선생님이었다. 모두 해당 연예인들하고 비슷하게 생겼다는 이유에서였다.

🎤 나도 언젠가는 마이크를 잡아보겠지!

1월 말쯤에는 일주일에 2~3회 정도 학교들이 1박 2일의 일정으로 본 수련원에 들어와서 교육을 받고 퇴소를 했다. 그래서 레크리에이션 진행을 매일매일 보고 느낄 수 있었던 건 아니었다. 학교가 들어온 빈도만큼 레크리에이션 진행 횟수도 비례하여 운영되었다. 그러니까 이때에는 일주일에 2~3회 정도 레크리에이션 진행을 도우면서 참관하는 꼴이었다.

레크리에이션 주 강사인 땅콩 선생님이 마이크를 잡고 학생들을 교육할 때나 레크리에이션을 진행할 때는 다른 선생님들보다 훨씬 더 재미있었고 활기가 넘쳤다. 학생들을 긍정적으로 흡입도 잘 시켰고 배출도 잘 시켰다. 땅콩 선생님은 학생들이 즐겁게 지도 내용을 흡입하도록 하는 능력이 좋았다. 마치 교향악단을 자유자재로 지휘하는 것 같았다.

때로는 헐크 선생님도 마이크를 잡고 프로그램 진행을 했는데, 진행 시 약간씩 멈칫하는 부분이 있었다. 시간적 공백이 조금씩 있었다. 그러다보니까 학생들이 즐거운 표정을 짓다가도 얼마 지나지 않아서 무표정으로 바뀌는 경우들이 가끔씩 생기곤 했다. 맥이 조금 끊긴다고 봐야했다. 학생들을 휘어잡는 모습도 가끔 보여줬지만, 무리하게 큰 소리를 내면서 분위기를 뜨겁게 달구려 노력하는 모습은 약간 억지스러웠다. 교육에도 클라이맥스가 있는 건데, 헐크 선생님은 클라이맥스까지는 흐름을 이어나가지 못 했다.

어찌됐건 이분들의 레크리에이션과 프로그램 진행을 참관할 수 있었던 것은 레크리에이션 강사가 꿈인 나에게는 공부하기에 아주 좋은 기회였다. 이곳을 방문하는 학생들의 인원수는 보통 100명이 넘었고, 야외처럼 마이크 시스템이 없는 교육 장소에서 행사를 진행할 때는 스피커를 운반하는 등 음향 시스템을 설치해야만 했다. 그래서 음향 장비를 옮기는 일들도 많았다. 이렇게 스피커를 운반하다보면 언젠가는 나도 마이크를 한 번은 잡아보게 될 날이 올 것이라는 생각이 들었다.

🎤 레크리에이션 진행 가능한 청소년 지도자 등장

어느 날, 나와 여러 청소년 지도자들은 수련원 건물들을 청소하기 시작했다. 먼저 복도부터 쓸고 닦았다. 걸레가 새까매질 때까지 복도를 닦았다. 그리고는 하얀 비눗물로 걸레에 묻어있던 때들을 모조리 씻어냈다. 그리고 또 닦았다. 이제 학생들이 많이 들어오는 성수기가 곧 다가오기 때문에 이런저런 과업에 다들 바쁘게 몸을 움직이고 있었다.

이곳은 산 초입이어서 외부인이 오거나 외부차량이 들어오면 쉽게 주목받는 곳이었다. 그래서 비탈진 길 아래에 누가 오면 쉽게 눈에 띄었다. 그런데 어떤 멀끔하게 생긴 남자 한 명이 저기 아래에서부터 메인 건물로 들어오는 것이었다. 그러더니 바로 사무실에 들어가서 사무업무를 담당하는 직원들과 미소를 띤 채 서로 인사를 나누며 의자에 앉았다. 우리는 그 사람이 이곳에 왜 왔는지 이유는 잘 모른 채 그냥 누가 왔나보다 생각하고 있었다.

그 사람이 가고 난 뒤, 누구한테 듣기로 그 사람은 우리와 같은 청소년 지도자라고 하였다. 그리고 또 그 사람은 레크리에이션도 진행할 줄 안다는 것이었다. '어, 내가 빨리 기회를 잡아야 되는데! 그래서 하루 빨리 레크리에이션을 직접 진행해보면 좋겠는데!' 첫 무대를 빨리 서봐야 레크리에이션을 진행하고 보완하기 위해서 구체적으로 어떻게 노력해야 할지도 실제적으로 더 잘 알 수 있을 텐데……. 그 남자가 정말 레크리에이션을 잘 할 줄 아는 사람이면 이제 내가 마이크를 잡아볼 기회는 더 멀어지겠다는 생각이 들었다. 앞으로 내가 발전할 수 있는 향방도 모호해졌고 복잡해진 것 같다.

일하다가 화장실에 가서 잠시 거울을 봤는데, 내 얼굴에는 근심이 가득했고 초라해보였다. 내가 볼 때 아까 낮에 온 사람은 아주 얌전하게 생겨서 레크리에이션을 그렇게 잘 할 스타일로는 보이지 않았다. 땅콩 선생님과 헐크 선생님은 아까 다녀간 청소년 지도자에 대해서 별로 신경 쓰지 않았다.

🎤 청소년 수련원 바빠지다

3월부터는 학생들의 입소가 잦아졌다. 열을 지은 버스들이 학생들을 가득 태운 채 운동장을 가득 메웠다. 1박 2일이나 2박 3일로 들어온 팀이 퇴소식까지의 일정을 모두 마치기가 무섭게 또 다른 학교에서 온 학생들이 큰 강당으로 들어와서 입소식이 이루어졌다. 한쪽에서는 퇴소하는 학생들이 대기하고 있던 버스에 올라타고, 또 한쪽에서는 입소하는 학생들이 내려서 큰 강당으로 들어오는 상황이었다. 그러다보니까 입소하는 학생들과 퇴소하는 학생들이 이동 구간에서 서로 마주치며 비탈진 작고 긴 언덕길을 가득 메우는 상황이 연출됐다. 그래서 청소년 지도자들의 호루라기 소리도 끊이질 않았다. 이처럼 학생들의 입소와 퇴소가 끊이지 않을 정도로 일정이 빼곡해서 캠프파이어도 자주 진행되었다.

🎤 저녁 하이라이트의 보이지 않은 준비

캠프파이어를 진행하는 데에는 여러 준비가 필요했다. 우선 2시간이 좀 넘는 시간 동안 탈 수 있는 장작들이 필요했다. 야외무대 뒤에 쌓여있는 나무들을 모닥불 위치로 가져왔고, 모자라면 근처 산에 가서 죽은 나무들도 들고 왔다. 그리고 형태를 만들었다. 장작을 대충 쌓으면 안 되고 학생들의 인원수에 비례하게 적절한 크기로 적당한 위치에 쌓아야 했다. 또한 한자 우물 정(井)자처럼 우물 식으로 쌓기도 하고, 인디언 식으로 세워서 쌓기도 하는 등 다양한 방법들로 쌓았다. 바쁠 때는 보통 우물 식과 인디언 식을 적절히 혼합한 형태로 쌓았다. 그렇게 쌓아야 바람이 불어도 안 넘어지고, 보기에도 좋고 쌓기도 편했기 때문이다.

맑은 날에는 캠프파이어 장작을 쌓는 데 큰 어려움은 없었지만 비가 온 다음 날은 나무들이 비에 젖어서 애를 많이 먹었다. 나무들이 비에 흠뻑 젖어서 안 탔기 때문이다. 캠프파이어 점화식을 할 때 장작불이 높게 치솟고 환하게 타 올라야 캠프파이어다운 분위기가 났다. 강사가 이 분위기를 업고 출발하면 당연히 진행도 더 잘 할 수 있고, 학생들을 더 행복하게 만들 수도 있다. 그만큼 모닥불은 캠프파이어에서 매우 중요했다. 그래서 비가 오는 날에는 장작들을 무대 옆 작은 창고에 최대한 들어갈 수 있는 양까지 넣었고, 나머지 장작들은 건축 자재의 포장으로 덮어 놓았다. 그런데 이 포장도 장작들을 몇 번 덮었다 걷는 것을 반복하고 나면 나중에는 구멍이 생겨 버려서 장작을 보호하는 100%의 효과를 기대하기는 어려웠다.

나무 장작들이 멋진 자태를 뽐내며 키 높이 쌓이면 헝겊들을 곳곳의 장작에 묶기도 하고, 신문지나 종이 상자를 장작 사이사이 틈에 꼽기도 했다. 그리고 장작 주위에 학생들이 쉽게 접근하지 못하도록 깊게 판 원을 그려놓았다. 그래야 땅이 건조해지더라도 학생들이 그 선을 쉽게 볼 수 있고, 지도자들도 통솔이 쉬워지기 때문이다. 어린 학생들 중에는 캠프파이어 진행 시 모닥불 가까이로 와서 장난치려는 친구들이 많았다. 강한 열을 가지고 있는 불덩이 앞에서 장난하다가 장작불이 넘어지기라도 하면 큰일이 날 수도 있기 때문에 제한선을 그리는 것도 중요한 사항이었다. 항상 학생들의 안전이 최우선이었다.

이렇게 캠프파이어 준비를 끝내고 나면 지도자들은 각 건물로 돌아와서 교육에 필요한 사항들을 다시 꼼꼼하게 점검했고, 모두 모여서 회의를 했다. 더욱 더 세밀한 업무 배분과 확인 작업도 이루어졌다. 더 좋은 교육이 진행될 수 있도록 힘을 모았다. 우리 학생들은 그 사이 건물 숙소 내에서 자유 시간을 가졌고, 우리는 회의를 끝내놓고 팀을 나누어 한 팀은 먼저 식사를 빠르게 하고 학생들의 식사 지도를 하였다. 그리고 그동안 다른 팀은 학생들을 관리했다. 학생들의 식사 교육도 마치 군대 훈련소처럼 규칙을 정해놓고 잔반을 안 남기도록 지도했다.

🎤 저녁 프로그램, 장기자랑

정신없는 식사 교육을 마치고 난 후 저녁 교육으로는 실내 레크리에이션과 야외 캠프파이어가 주로 진행되었다. 실내 레크리에이션은 학생들의 장기자랑을 하이라이트로 놓고 이루어졌다. 그동안 갈고 닦았던 뽐내고 싶은 노래나 춤, 연기, 태권도 시범, 마술 등을 선보였다. 그럼 청소년 지도자들도 학생들을 관리하면서 학생들의 무대를 관람했다.

요즘 애들은 많은 사람들 앞에서 춤도 잘 추고 노래도 다들 잘 불렀다. 이런 무대를 보고 있노라니 나도 중·고등학생 때로 다시 돌아간 것 같은 느낌이 들었고, 시간 역시 정말 재미있게 잘 갔다. 이렇게 실내에서 학생들의 장기자랑이 주가 된 레크리에이션이 재미있게 잘 끝나고 나면, 모두들 잠깐 화장실에 갔다가 다시 모여서 청소년 지도자들의 인솔 아래 캠프파이어가 진행되는 운동장으로 향했다.

그 시간 동안 레크리에이션 담당 선생님들, 땅콩 선생님과 헐크 선생님은 차를 타고 캠프파이어장으로 얼른 이동해서 낮에 세팅해놓은 캠프파이어 준비가 잘 되어있는지 다시 확인했다. 주유소에서 파는 기름을 장작에 적당히 붓고 모든 준비를 완료한다. 잠시 쉬는 시간을 가졌다가 모인 학생들을 두 줄로 세우고 캠프파이어장까지 내리막길 약 200m를 인솔해 가면 점점 캠프파이어 분위기가 느껴졌다.

캠프파이어장에 가까워질수록 크게 들리는, 학생들이 좋아하는 비트 빠른 최신 댄스 음악들은 모두의 심장을 바운스 시켰고, 학생들의 표정들은 고조되었다. 학생들의 알 수 없는 중얼거림과 함성, 목소리도 더욱 커졌다. 이동 중에 청소년 지도자들이 장난삼아 "하나, 둘!" 하면 학생들은 "셋, 넷!", 지도자들이 "A, B!" 하면 학생들은 "C, D!", 지도자들이 "칙칙" 하면 학생들은 "폭폭!", "참새!", "짹짹!", "……." 어느덧 학생들이 캠프파이어 무대 바로 아래로 이동하고 나면 그때부터는 땅콩 선생님이 진두지휘를 했다.

🎤 저녁 프로그램, 캠프파이어

학생들은 땅콩 선생님의 안내 멘트에 따라 거대하게 쌓인 장작을 중심으로 대형 원을 만들고 서로 손을 잡았다. 자연스레 무대 조명들은 모두 다 꺼지고 땅콩 선생님이 중저음의 목소리로 멋지게 멘트를 했다. 이와 함께 미리 이야기된 학생 대표와 학교 선생님 대표가 불붙은 점화 봉을 장작에 갖다 댄다. 그럼 장작에 노랗고 빨간 불이 붙는가 싶더니 이내 불길이 거침없이 하늘로 솟구치며 활활 타올랐다. 이때 묵직한 음악이 운동장 전체로 발사되며 사회자는 힘 있는 멘트로 학생들의 함성을 유도했다. 그 후에는 학생들로 구성된 원을 왼쪽으로 움직이게 했다가 오른쪽으로 움직이게 하며 학생들에게 즐거운 기름을 붓는다. 그럼 학생들은 순간 즐거운 난리를 만끽

한다. 그리고 이제부터 서서히 즐거운 캠프파이어 분위기 속으로, 그 소용돌이 속으로 빨려들기 시작한다. 모닥불이 꺼질 때까지 학생들은 이 소용돌이에서 헤어나올 수 없게 된다.

사회자의 진행에 따라 학생들의 커다랬던 원이 쪼개지고 어느덧 8명씩 모여 있다. 8명씩 둥그렇게 모인 학생들은 이제 한 명씩 원 가운데로 나와 춤을 출 수 밖에 없게 된다. "가장 키 작은 학생이 원 가운데로 나가세요! 원 가운데로 안 들어가면 옆에 있는 친구들은…… 바지를 벗기세요!" 그럼 원 가운데에 나간 학생은 춤을 못 추더라도 팔굽혀펴기를 한다든지 막춤을 춘다든지 어떤 몸의 움직임이라도 선보였다. 그러면 원 가운데에서 춤을 추거나 우스꽝스러운 행동을 하는 친구의 몸동작을 나머지 친구들도 똑같이 따라하게끔 사회자가 멘트를 했다. 그리고 그 다음은 안경 쓴 친구가 원안으로 들어가고 모두들 또 똑같이 따라하게 만들고, 그 다음은 반바지 입은 친구가, 그 다음은 반소매 셔츠를 입은 친구가……. 이런 식으로 사회자는 신나는 흐름을 계속 만들고 학생들은 계속 이 분위기에 리드 당한다. 이제 자기들도 모르게 서서히 몸에 열이 나고 마음은 흥분으로 가득 차 땅콩 선생님이 약간의 방향을 잡아주는 멘트만 하면, 학생들 스스로 황홀하게 춤추고 알아서 즐겁게 노는 단계까지 진입하게 된다. 처음에는 쑥스러워하고 쭈뼛쭈뼛하던 학생들이 알아서 놀게끔 지도하는 것이 바로 캠프파이어를 진행하는 고도의 기술이다. 학생들 본인들의 체력이 다 소진될 때까지 춤추고 놀고, 기차놀이를 하며 절정의 분위기를 제대로 맛본다. 정말 신나고 정신없이 캠프파이어를 즐기다보면 어느덧 체력이 고갈되며 숨을 헐떡거린다. 땅콩 선생님은 이때를 놓치지 않고 재빠르게 분위기를 전환했다.

🎤 촛불의식

　짧은 시간이지만 어느 순간 분위기는 180도 달라져있다. 나뉘어져 있던 학생들의 작은 원들이 다시 모닥불을 중심으로 커다란 원을 만들었다. 학생들은 땅에 그냥 편안하게 앉는다. 이때쯤이면 화려하게 탔던 모닥불도 숯불처럼 바뀌고 은은하게 공기를 뒤튼다. 조명은 모두 꺼지고, 장난치는 학생들은 장난을 치지 못하도록 청소년 지도자들이 곳곳에서 지도를 한다. 이윽고 분위기는 엄숙해진다.

　땅콩 선생님은 아까 아주 파워풀한 목소리로 진두지휘 했던 것과는 달리, 이번에는 촉촉하고 잔잔한 목소리로 선생님의 은혜와 부모님의 은혜에 대해서 이야기를 시작한다. 이때 경건하고 슬픈 배경음악이 알맞게 나오기 시작한다. 좀전까지 배꼽을 잡으며 춤추고 웃던 우리 학생들은 서서히 땅콩 선생님의 이야기에 푹 빠지게 되고 하나둘씩 훌쩍거리는 소리가 들리기 시작한다. 학생들은 눈물을 흘리고 훌쩍훌쩍거리게 된다. 캠프파이어에서 바로 촛불의식으로 자연스럽게 분위기를 전환한 것이다. 촛불의식까지 총 진행 시간은 대략 2시간 15분 정도 소요됐다.

🎤 황홀한 말발의 기술

캠프파이어 진행 전까지만 하더라도 무표정이었고 쑥스러워서 춤을 못 추던 학생들을 스스로가 황홀할 정도로 춤을 추게 만들고 또 울게 만들었던 땅콩 선생님의 진행 실력에 나는 감탄을 금할 수 없었다. 캠프파이어 초반에 어떻게 진행을 해서 그렇게 분위기를 무르익게 만들었는지, 도입과 분위기 조성 과정은 아무리 집중해서 보고 메모하더라도 이해가 잘 되지 않았다. 이런 기법이 참 신기했고 도대체 비법이 무엇인지 궁금했다. 마치 최면술 같았다.

교육이 모두 끝나고 땅콩 선생님에게 처음에 어떻게 해서 레크리에이션 강사를 하게 되었고, 어쩜 이렇게 레크리에이션을 잘 하는지 비결을 물어보았다. 그러자 땅콩 선생님은 잠깐 중얼거리듯 이야기를 해주었다. 레크리에이션을 처음에 배울 때는 주위의 어느 선배가 멘트를 맨 처음 도입부터 분위기 조성 부분까지 토씨 하나까지 모두 다 노트에 써오라고 해서 작성했다는 것이다. 첫날은 도입 부분, 다음 날은 분위기 조성, 또 다음 날은 그 다음부터 어느 부분까지 토씨 하나 틀리지 말고 적어오게 했다고 한다. 그리고 이 멘트를 달달달 외워서 행사 진행을 하게 되었다고 하였다(미리 말하지만 이 방법은 발표 자신감 형성에 그렇게 좋은 방법은 아니다). 그리고 이런저런 이야기를 들으며 나도 나의 꿈에 대해서 설레는 감정을 품어 안았다. 정말이지 레크리에이션은 참 신기하고도 어려운 장르였다.

학생들이 모두 편안하게 취침할 수 있도록 안전하게 마무리까지 다 하고 나니 피곤이 몰려왔다. 우리도 간단히 마무리 정리를 하고 지도자 숙소로 돌아가 베개를 베고 누웠다. 누워서 잠시 눈을 감았다고 생각했는데 내가 다시 눈을 떴을 때는 벌써 새벽 기상 시간이었다. 얼마나 피곤했는지 누가 나를 들고 어디론가 데려가도 모를 정도였다. 같이 잠을 잔 지도자들이 그러는데 나는 베개에 머리가 닿자마자 그 순간 잠을 잔다고 하였다. 눈을 잠시 감았다가 눈을 뜨면 좀 전에 밤 12시였는데, 다시 눈을 뜨면 벌써 시계는 새벽 5시 30분을 가리키고 있었다. 또 힘겹고도 즐거운 긴 하루가 시작된 것이었다.

🎤 헐크 선생님이 단독 무대에 서다

회의 시간에는 총괄 업무를 보는 실장님이 앞으로의 교육 팀 방향에 대해서 언급했다. 다름이 아니라 땅콩 선생님과 헐크 선생님은 앞으로 3월 말까지만 레크리에이션을 진행하고 그 후부터는 본원에서 알아서 레크리에이션 진행을 한다는 것이었다. '그럼 앞으로 캠프파이어 진행은 누가 하는 거지?' 궁금했다.

그건 그렇고 앞으로 땅콩 선생님과 헐크 선생님이 다양한 곳에서 더 많은 레크리에이션 진행을 하려면 헐크 선생님도 캠프파이어라는 어려운 행사 진행도 잘 할 수 있어야 했다. 그래서인지 이때부터 땅콩 선생님이 헐크 선생님에게 레크리에이션 진행을 메인으로 자주 시키는 것을 느낄 수 있었다. 웬만한 것들은 헐크 선생님이 레크리에이션을 진행하고 땅콩 선생님이 보조로 음악을 공급해주는 역할들을 맡았다. 그래도 캠프파이어만큼은 땅콩 선생님이 메인으로 진행했다. 헐크 선생님도 언젠가는 캠프파이어 진행도 해야 실력이 늘어서 많은 활동을 할 수가 있을 텐데, 헐크 선생님은 캠프파이어를 언제 진행하게 될지 궁금했다.

그러던 중 그분들과 수련원의 계약이 얼마 남지 않았을 때, 약 300여 명의 여고생들이 수련원에 입소하게 되었다. 과정은 1박 2일. 정보에 의하면 이번 캠프파이어는 헐크 선생님이 메인으로 진행을 하게 된다고 했다. 우리들은 그 소식을 듣고 좋았기도 했고, 마치 우리가 직접 진행하는 것처럼 긴장되기도 했다. 우리가 이렇게 긴장되는데 당사자는 오죽할까? 혹시 헐크 선생님이 너무 긴장해서 캠프파이어 진행을 잘 못 하면 분위기도 안 좋아질 테고, 학생들에게서 소중한 추억거리도 앗아가게 되는 거니까 오히려 우리들이 떨렸다.

이런 시간은 신기하게 금방 찾아왔다. 드디어 헐크 선생님의 캠프파이어 데뷔 무대가 있는 밤이 되었다. 보통은 달과 별들이 우리들에게 바로 떨어질 듯 예쁘게 수놓은 청명한 밤하늘 속에서 캠프파이어가 진행이 되었는데, 오늘은 그냥 새까만 밤하늘이었다. 이날 아침부터 바람이 불고 비가 부슬부슬 내렸기 때문이다. 1박 2일이나 2박 3일의 수련 프로그램 중에서 학생들이 가장 기대하는 시간이 바로 이 시간이었는데, 밤하늘이 먹먹하고 곳곳의 땅도 빗물이 고여 있었다. 하지만 실제 캠프파이어 운영 시간에 비만 오지 않는다면 모닥불이 있기 때문에 분위기에 큰 영향을 끼치지는 못한다. 실내 레크리에이션이 끝나고 드디어 수많은 여학생들을 인솔해 캠프파이어장에 도착했다.

무대 정중앙에는 상기된 표정으로 헐크 선생님이 마이크를 잡고 서있었고, 헐크 선생님의 3m 옆에는 땅콩 선생님이 음향기기를 만지면서 본격적인 음악 제공을 위하여 준비하고 있었다. 표정을 보니 헐크 선생님보다 땅콩 선생님이 더 긴장하고 있는 것 같았다. 이윽고 헐크 선생님의 첫 멘트가 살얼음 위를 걷는 것처럼 시작되었다.

헐크 선생님은 조금씩, 조금씩 분위기를 달구기 위해서 목소리를 높였다. 그리고 멘트 사이의 공백을 메꾸고 흥을 더욱 더 돋우기 위하여 분위기에 맞는 신나는 음악들이 그 곳의 공기층을 흔들었다. 300여 명의 여학생들은 행사 시작부터 들떠있었고 다들 표정도 밝았다. 헐크 선생님은 마치 외운 것을 읊듯이 진행했지만 열정이 좋았다. 시간이 지나면서 학생들은 헐크 선생님의 진행에 따라 짝을 이루기도 했고 율동도 따라했다. 학생들의 표정은 밝고 흥겨웠다.

그런데 그 다음 프로그램으로 넘어가고 연결되는 데 미세한 시간 공백이 좀 있었다. 시간이 지나도 이 공백은 좀처럼 사그라들지 않았고 반복됐다. 그러다보니까 시간이 지나면 지날수록 흥이 더 많이 나야되는데, 조금 흥이 나다가 식고, 또 흥이 나다가 식는 흐름이 거듭되었다. '어, 학생들 분위기가 절정으로 가야 되는데……. 이러다 절정으로 못가고 끝나는 거 아니야?' 슬슬 걱정이 되었다.

오늘은 땅이 축축하고 곳곳에 빗물이 조금씩 남아있어서 내가 보더라도 땅에 앉아서 촛불의식을 길게 하기에는 무리가 있어 보였다. 다행히 촛불의식 부분은 땅콩 선생님과 이야기가 잘 되었는지 짧게 진행되었다. 그런데 잠깐만, 이제 행사가 거의 다 끝나갈 무렵인데 캠프파이어 클라이맥스의 시간이 아직 안 나온 것이다. 혹시 이렇게 캠프파이어가 끝나도 되는 건가 하는 생각이 들었다.

그런데 잠시 후, 진짜로 종료를 알리는 분위기가 되었다. 그리고 헐크 선생님의 마지막 멘트가 이어졌다. "오늘 우천 관계로 힘껏 뛰어놀지 못한 환경이었고요, 그래서 일부 원활한 진행이 안 되었던 점 아쉬웠고 죄송했습니다. 함께 참여하신 우리 학생들 수고 많으셨습니다……." 본인이 진행을 잘 못해놓고는 환경 탓을 하는 느낌이었다. 솔직히 말해서 나까지 학생들의 표정을 보기가 미안했고 약간 민망하기도 했다. 진행의 흐름이 공백 없이 타이트하게 가야 되는데, 순서를 밟을 때마다 공백이 있어서 흐름이 자주 끊긴 것이 오늘 패인의 큰 요인이었던 것 같다. 300여 명의 여학생들과 학교

관계자분들은 약간 씁쓸한 표정을 지었다.

　지도자들은 학생들을 반별로 두 줄씩 모아서 수련원 숙소 건물로 빠르게 인솔해갔다. 그래도 다행히 착하고 밝은 학생들이 많아서 그런지 금세 공기 좋은 수련원에 왔다는 분위기를 빨리 되찾았던 것 같다. 학생들의 표정은 이내 다시 밝아졌다.

　이때 내가 느낀 것은 '레크리에이션은 공백이 있으면 안 되는구나.' 하는 것이었다. 나중에 누군가에게 들은 이야기인데, 정 할 말이 없으면 욕설을 해서라도 빈 공간을 메꿔야 된다는 것이다. 그만큼 시간적 공간이 있으면 안 된다는 의미였다. 레크리에이션은 흐름을 타고 클라이맥스까지 가서 대상들이 신나게 놀 수 있게끔 해야 행사 진행을 잘 한다는 인정을 받을 수 있기 때문에 흐름에 대한 중요성을 새삼 더 중요하게 느끼는 계기가 되었다.

　300여 명의 학생들은 다음 날 퇴소식을 마치고 처음에 타고 왔던 버스에 탑승했다. 곧 버스는 운동장의 먼지를 남기면서 힘껏 출발했고, 출발할 때 학생들과 우리 지도자들은 손을 흔들며 아쉬움을 전했다. 손을 흔들고 버스가 다 떠나고 나니 가슴이 조금 먹먹해지며 마음 한 곳이 허전해졌다. 이렇게 1박 2일 일정도 끝이 났다.

🎤 바뀐 교육 팀

　우리는 학생들이 머물렀던 곳들을 정리하고 모두 모여서 회의를 했다. 원장님, 실장님, 부장님, 땅콩 선생님, 헐크 선생님, 그리고 우리 청소년 지도자들이 모여서 이야기를 나누었다. 그동안 수련원을 위해서 힘써주신 땅콩 선생님과 헐크 선생님에게 뜨거운 박수를 보내고 덕담을 나누며 회의가 진행되었다. 여러 이야기가 오간 뒤, 땅콩 선생님과 헐크 선생님은 수련원과의 계약도 만료되었고 또 우리는 새롭게 회의도 해야 하기 때문에 그동안 고생했다는 박수를 받으며 먼저 자리에서 일어나주었다. 그리고는 차를 타고 수련원을 빠져나갔다.

잠시 쉬었다가 새롭게 구성되는 교육 팀에 대해서 회의를 했다. 새롭게 레크리에이션 팀을 꾸려갈 사람, 특히나 캠프파이어를 아주 뜨겁게 달굴 수 있는 사람이 누가 될지 궁금했다. '혹시 내가 되는 거 아닌가? 하하, 말도 안 되는 소리!' 어떤 누가 그 자리를 소화하게 될 지 궁금했다. 그런데 얼마 전 청소할 때 왔었던 말끔하게 생긴 그 청소년 지도자가 앞으로 캠프파이어까지 포함된 모든 교육을 이끈다는 것이었다. 그 사람의 이름은 홍 무어 무어라고 했다. 원장님이 홍 팀장님이라고 불렀다. 자연스럽게 우리도 홍 팀장님이라는 호칭을 사용하기 시작했다. 당장 다음 주부터 들어올 학생들을 위한 모든 것들을 이제 홍 팀장님과 우리들이 소화해야 했다.

그래서 이번 주부터 며칠 시간이 날 때마다 홍 팀장님과 우리 청소년 지도자들이 함께 숙소에서 보내면서 합을 맞추어 보았다. 홍 팀장님은 본인이 지시하는 율동을 할 때, 동작이 큰 나에게 음향을 맡으라고 했다. 틈틈이 레크리에이션에 필요할만한 댄스 음악이나 적절한 음악들을 미리 CD로 정리해놓고 있는 중이었다.

홍 팀장님은 기타를 직접 연주해보면서 손도 풀고 입도 풀었다. 기타를 계속 연주하며 레크리에이션에 필요한 노래도 연습해보고, 우리 지도자들에게는 연주하는 음악에 어울리는 율동을 계속 알려주었다. 지도자들이 무대에서 이 율동을 똑같이 큰 동작으로 시범을 보여야 한다는 것이었다. 율동을 잘 못하는 지도자는 창피도 당하고 학생들에게 인기도 끌지 못하게 된다는 것을 잘 알고 있는 터라 다들 열심히 연습했다.

교육 팀이 바뀌고 처음으로 여고 1학년생들의 수련 활동 일정이 잡혔다. 1박 2일이었고 입소식부터 여러 프로그램, 그리고 레크리에이션, 캠프파이어 등을 홍 팀장님과 우리가 모두 소화해야 했다. 부담도 되었고 긴장도 되었다. 물론 홍 팀장님이 모든 프로그램을 진행하고 우리는 무대에서 레크리에이션 율동을 하고 도움을 주는 역할만 하면 되는 것이었다. 우리는 청소년 지도자 복장을 모두 맞춰 입고 교관모를 쓰고 학생들을 맞이했다. 홍 팀장님은 직접 마이크를 잡고 학생들을 질서 있게 앉히고 입소식을 진행했다. 해당 학교 교장선생님과 학교 선생님들, 본 수련원 원장님, 실장님, 부장님, 학부모 대표가 참관한 가운데 입소식이 절도 있게 진행되고 무사히 끝이 났다. 그리고는 학교 및 수련원 관계자들이 자연스레 자리를 피해 이동했다.

입소식이 끝난 후 홍 팀장님은 학생들에게 주의사항에 대해서 말했다. 가방과 소지품 검사도 함께 진행했다. 혹시 술이나 담배 또는 기타 학생 신분에 어긋나는 것들이 있는지 확인하기 위해서였다. 심신을 정비하러 온 만큼 학교 선생님들이 교육하기 힘든 애매한 것들을 우리 지도자들은 교관답게 터프하게 진행했다. 다행히 본드나 마약은 없었다. 가끔 물병 뚜껑을 열어서 냄새를 맡아보면 소주인 경우가 많았다. 그리고 또 속옷 사이를 보면 담배와 라이터가 있는 경우도 많았다.

주의사항 안내와 소지품 검사를 마친 후에는 각 학생들의 방 배정이 이어졌다. 그리고 학생들은 지도자들의 안내에 따라 숙소에 들어가서 야외활동을 할 수 있는 복장으로 갈아입고는 모두 복도에 정렬을 해서 다시 대강당으로 모였다. 그렇게 하고나니 시간은 어느덧 오전 11시 30분이 되었다. 200여 명의 여학생들은 식당 바로 옆에 있는 깨끗한 대강당 바닥에 앉아서 홍 팀장님의 안내사항을 들었다. 점심식사 후에 이루어질 교육에 대한 이야기와 여러 가지 이야기들이 언급되었다. 홍 팀장님은 이야기를 하다가 식당 상황을 보더니 한 반을 일으켜 세워서 식당으로 이동시켰다.

🎤 수백 명 앞의 무대에 처음으로 서보다

    홍 팀장님은 남은 학생들에게도 수련 활동에 대한 여러 이야기를 열심히 이어나갔다. 그러면서 학생들 뒤에 있는 내 쪽을 가끔 보기도 했다. 그런데 내 쪽을 바라보는 것 같기도 하고 '나를 보는 것' 같기도 했다. '왜 내 쪽을 자꾸 보시지? 나를 보는 건가? 아니면 내 앞에 있는 여학생들을 보는 건가?' 사람 헷갈리게. 홍 팀장님의 눈을 자세히 바라보니, 꽤 먼 거리이긴 했지만 나를 보는 것이었다. 그 이유가 상당히 궁금했다.

    이 순간도 잠시, 홍 팀장님이 마이크를 들고 있지 않은 손으로 나비 날갯짓처럼 손동작을 하면서 나를 불렀다. 나는 그걸 보자마자 의지와 상관없이 바로 몸이 움직이기 시작했다. 홍 팀장님은 무대 위에서 마이크를 떼고 내 귀에 작은 목소리로 이렇게 말하였다. "마이크 잡아!" 어떤 구체적인 설명도 없이 그렇게만 이야기 하고 뚜벅뚜벅 나가버렸다.

    '에엥? 마이크를 잡고 뭘 이야기하라고? 아, 뭐야 이게? 미리 좀 이야기를 해주시던가!' 당황했고 불만스러웠다. 하지만 한편으로는 다른 생각도 들었다. 홍 팀장님이 뭘 의도하는지 대충 감은 잡았고, 나한테 아주 좋은 경험과 기회가 될 것이라는 생각이 들어서 좋았지만 잠깐은 투정을 부리고도 싶었다. 하지만 홍 팀장님은 마이크를 내 손에 놓고는 뒤도 돌아보지 않고 식당으로 거침없이 걸어가 버렸다.

    '아뿔싸!' 이 곳 수련원 식당은 200여 명이 한꺼번에 식사를 할 수 있는 규모가 안 되었기 때문에 적당한 인원이 적절한 간격으로 식사할 수 있도록 지도해야 했다. 그래서 남은 학생들은 나에게 맡긴 채 홍 팀장님은 식당 상황도 파악할 겸 다음 교육을 위해서 먼저 이동한 것이었다.

    무대 위에서 마이크를 들고 있는 나는 상황을 피할 방법도 없었다. '그냥 음악이라도 틀어놓을까?' 나는 남은 학생들에게 어떤 말이라도 해야만 했다. 멈춰있는 시간이 길어질수록 학생들의 표정은 점점 굳어졌고, 예쁜 얼굴들이 짜증 섞인 얼굴로 바뀌려는 흐름이 포착되었다.

군대에서 남자들 앞에서는 자주 손들고 서보는 연습을 해서 대상이 남자라면 좀 괜찮았을 텐데, 왜 하필 여학생들 앞이란 말인가! 내가 제일 어려워하는 대상들이 또 여자들, 여학생들이었다. 그리고 말이 여학생들이지 느낌은 모두 성인이었다. 평소에 여학생들과 나는 잘 안 맞는다는 생각을 하고 있었다. 왜냐하면 내 얼굴이 어설프게 무섭게 생겼다는 이야기를 자주 들었기 때문이다. 그래서 가끔 여성들을 바라보면 그녀들도 나를 바라보다가 10초가 채 되지 않아서 고개를 돌렸던 상황들도 꽤 있었단 말이다.

혹시 내가 배우 원빈이나 강동원 씨처럼 잘생겼거나 학창시절에 여학생들에게 인기 있는 스타일이었다면 이렇게까지 겁이 나지 않았을 텐데 나는 그런 스타일이 아니었다. 그래서 그 순간 부담이 더 되었다. 또한 군대에서 대중 공포 및 발표 울렁증을 해결하기 위해 많은 노력을 했지만 군대에서의 대중들은 모두 다 남자였고, 여기 지금 이 상황의 대상들은 모두 여학생들이었다. 하필이면 마음의 준비도 안 된 상태에서 이런 어려운 대상들 앞에 내가 서있다니! 게다가 어떤 귀띔도 안 해주고 나를 무대에 세우는 경우가 어디 있는가? 한 반이 빠져나간 상태이지만 그래도 150여 명은 넘었기에 압박감은 강하게 느껴졌다.

이렇게 많은 사람들 앞에서 즉흥적인 이야기를 대략 10분 정도는 해야 했다. 머리는 복잡했지만 더 이상 시간을 멈출 수는 없었다. 마이크를 잡고 있는 손은 짧은 순간이었지만 땀이 많이 났다. 마이크는 운전대 핸들처럼 손에 착 달라붙지 않았고 냉동고에 얼려놓은 차가운 쇳덩어리를 잡는 느낌이었다. 느낌이 썩 좋지 않았다.

150여 명의 여고생들은 일제히 나를 계속 바라보고 있었다. 학생들은 나만 보는 것이었다. 나만 보지 말고 다른 데도 좀 보고 아래도 보고 하지 말이야. 약 300여 개의 똘망똘망한 눈들이 일제히 나를 보고 있었다. 더 이상 지체할 수 없어서 이제 입을 처음으로 떼려고 하는데, 갑자기 가슴이 콱 막혔다. 웃는 학생은 단 한 명도 안 보였고 무표정이 3분의 2, 약간 인상을 쓰는 학생들의 비율이 3분의 1 정도였다. '마이크가 부들부들 흔들리면 안 되는데! 그럼 엄청 쪽 팔릴 텐데! 하지만 나는 앞으로 대중 앞에 서야 할 사람이다', '나는 대중 앞에서 레크리에이션도 해야 될 사람이니까 최선을 다하고 힘을 내자! 여기서 카리스마를 발휘해야만 오늘과 내일까지의 1박 2일 동안 우리 학생들을 당당하게 대할 수 있고 통솔도 편하게 할 수 있을 거야!' 나는 이렇게 마음을 다졌다.

어려웠지만 첫 말을 시작했다. "여어러분, 반갑습니다. 저는 본 수련원 교관 김범수입니다. 저는 특수부대 출신으로서 지옥 훈련과 생명을 담보로 한 여러 훈련들을 모두 다 소화해냈고 보시다시피 이렇게 살아남게 되었습니다. 그리고 많은 사람들에게 도움을 드리고자 이 자리에 서 있습니다. 저는 합기도 검은 띠에 태권도…… 노, 노란 띠입니다……."

학생들 사이에서 갑자기 웃는 소리도 좀 났고, "뭐야?" 라는 소리도 좀 들리며 약간 웅성거리는 분위기가 되었다. 나의 음성은 안정적이지 않았고 약간 붕 떠있었다. 학생들과 내가 서로 결합이 되어야 하는데, 멘트가 붕 떠있어서 이원화되는 느낌이었다. 카리스마가 있는 것도 아니고 절제된 모습도 아니었다. 마치 자동차가 연료가 부족해서 덜덜덜 거리면서 이동하는 느낌이었다.

숨 막히는 상태에서 10여 분간 이야기를 이어나갔다. 중반부에는 도저히 할 이야기가 없어서 학생들이 식사를 잘 할 수 있도록 몸을 풀어주었다. "전체 일어서! 여러분 깍지를 끼고 몸을 풀겠습니다……."

출입구 쪽에서 다른 지도자들이 학생들 보내도 된다는 사인을 줘서 나는

3장 못하지만 내가 하고 싶은 일을 하며 살고 싶다

학생들을 얼른 식당으로 보냈다. 한 반, 한 반 보내다보니 어느덧 마지막 반만 남게 되었다. 드디어 마지막 반 학생들까지 곧 식당으로 보냈다. 이제 대강당에는 일부 지도자들만 남게 되었다. 나는 깊게 심호흡을 했고, 언제 나타났는지 홍 팀장님은 다음 일정을 빨리 준비 해야 하니까 남은 지도자들도 얼른 식당에 가서 식사를 하라고 했다. 밥을 어떻게 먹었는지도 모르고 식사를 마쳤다.

학생들도 관리할 겸 음료도 한 잔 마시기 위해 학생들 숙소 입구에 있는 의자에 잠시 앉았다. 학생들은 지정된 범위 안에서 자유롭게 이동하고 뛰어놀고 휴식을 취했다. 그런데 복도에서 만난 학생들이 나에게 "교관님, 아까 전에 좀 느끼했어요. 그런데 조금 재미있기도 했어요. 하하"라고 이야기를 하는 것이었다. 조금 민망했다. 표정 관리를 하느라 조금 힘들었다.

나의 꿈은 정말 말 잘하고 실력 있고 진행 잘 하는 레크리에이션 강사가 되는 것인데, 관객들과 내가 물과 기름도 아니고 느끼하다니, 이질감이 있다니 이 부분은 좀 안타까웠다. 하지만 재미있었다고 하니 이 부분은 기분이 좋았다. 한편으로 또 생각해보면 학창 시절에는 이렇게 200명이나 되는 많은 사람들 앞에서 한 마디도 못하고 얼굴은 붉어지고 목소리는 물론 온 몸이 부들부들 떨렸는데, 그래도 학생들이 "교관님, 왜 이렇게 떠세요?"라는 말은 하지 않아서 그나마 다행이었다. 재미있었다는 약간의 칭찬도 있어서 다시 생각해보니 그래도 내가 많이 발전한 것 같아서 나름 뿌듯했다.

군대에 있을 때 무조건 손들고 발표 연습을 했던 것이 조금이나마 도움이 되었던 것 같다. 물론 군대에서 이 연습을 하다가 나도 많이 혼나고 내 위 맞선임들도 많이 힘들어했지만 말이다. 그래도 그런 노력 끝에 지금은 무대 위에서 쓰러지지 않고 서있을 정도는 되어서 내 자신에게는 의미가 있었다.

🎤 레전드

　오늘부터는 홍 팀장님이 레크리에이션을 진행할 때 내가 필요한 음악들을 공급해주는 서브 역할을 해야 했다. 그러다보니까 지난 날들보다 신경 써야 하는 게 더 늘었다. 그래서 그런지 시간은 더 빠르게, 정신없이 흘러갔다. 벌써 밤이 되었다.

　나는 홍 팀장님이 진행하는 실내 레크리에이션이 더 재미있어질 수 있도록 즐거운 음악들을 멘트 사이사이에 불에 기름을 붓듯이 공급했다. 실내 장기자랑도 끝이 나고, 드디어 홍 팀장님이 주도하는 캠프파이어를 처음 접하는 시간이 되었다. 밤 8시가 조금 넘은 시간이었다.

　캠프파이어 음향도 내가 맡은 업무여서 나와 홍 팀장님은 먼저 캠프파이어장으로 이동했다. 다른 지도자들은 학생들을 캠프파이어 장으로 천천히 인솔해오는 역할을 맡았다. 캠프파이어장의 장작과 음향들을 다시 확인하고 있는데 학생들이 저 멀리서 보이기 시작했다. 나는 학생들이 가장 좋아할만한 즐거운 음악을 틀었고 소리를 폭발적으로 키웠다. 학생들은 무대로 다가오며 이내 뜨거워졌다. 한 동안 큰 음악 소리가 캠프파이어장 전부를 적셨고, 홍 팀장님이 마이크를 잡고 내게 주는 사인을 보고 천천히 음악 소리를 줄였다(참고로 이렇게 점점 음악 소리가 줄어드는 것을 전문용어로 페이드아웃이라고 한다).

　홍 팀장님은 불꽃 점화식부터 차근차근 진행을 시작했다. 이분은 기본적으로 말을 잘 하는 사람이었다. 서울 태생이어서 정통 표준말을 구사하고 있었고 말도 깔끔하고 알아듣기 쉽게 잘 해서 전달력이 좋았다. 덕분에 학생들은 빨리빨리 알아듣고 홍 팀장님의 지도대로 잘 움직였다.

　레크리에이션 진행에서 스피치는 정말 중요했다. "여러분, 그럼 지금부터 밤하늘을 바라봐 주시기 바랍니다⋯⋯."라는 멘트로 처음을 시작했다. 밤하늘을 보니까 또 별들이 아주 많았다. 학생들은 밤하늘을 보기 위해 고개를 뒤로 젖혔다. 학생들은 진정성이 담긴 미끄러지는 함성과 함께 감성에 젖으며 황홀해했다. 홍 팀장님은 이때를 놓치지 않고 학생들, 아니 소녀들의 감성을 만족시키는 이야기를 했다. 가슴을 아우르는 멘트가 시작되면서 홍 팀장님은 학생들 서로에게 여러 가지를 시켰다. 안마를 시키고, 간지러움을 태우게 하고, 손뼉도 치게 하고, 짝도 짓게 하고, 흥미 있는 벌칙도 행하게 하면서 학생들을 정신없고 재미있게 끊임없이 두드리고 빠져들게 했다. 여학생들은 서서히 아주 즐겁다는 표정과 함께 분위기에 좋은 반응을 하기 시작했다.

점점 분위기가 무르익었을 때, 홍 팀장님이 기타를 한쪽 어깨에 멨다. 그리고는 손가락을 기타 줄에 가져다 대고는 빠르게 기타 연주를 하기 시작했다. 그냥 동요 같은데 기타 반주가 아주 신이 났다. 홍 팀장님이 노래를 선창하니 학생들은 금방 알아듣고 다 같이 따라 불렀다. 적재적소에 필요한 기타 연주가 이루어지면서 캠프파이어장은 점점 열기로 뜨거워졌다.

나는 기타 연주만으로 사람들을 이렇게 열광시키는 것을 처음 봤기에 그저 놀라울 따름이었다. 전자기타도 아니고 일반 기타인데 말이다. 우리 여학생들은 난리가 나기 시작했다. 어느덧 12명씩 그룹을 형성하고 학생들로 연결된 작은 원이 된 후에는 서로 손을 잡고 만든 원 가운데로 한명씩 밀어 넣으면서 각 원 그룹별로 춤을 추기 시작했다.

한 명씩 원 가운데로 들어가게 했다. 원 가운데의 학생이 추는 춤은 각 그룹별 학생들이 모두 똑같이 따라해야만 했다. 춤을 잘 못 추는 학생들도 분위기가 워낙 고조되어서 스스로 알아서 춤을 따라 추는데, 다른 학생들의 동작을 보면서 비슷하게 하려고 노력했다. 함께 하는 지도자들도 아주 재미있어 했다. 마치 우리 지도자들이 캠핑 온 느낌이 들 정도였다. 학생들

뒤에서 멀찌감치 구경하시던 학교 선생님들도 손뼉을 치며 웃고 율동을 따라했다.

홍 팀장님은 이때를 놓치지 않고 바로 학생들에게 미션을 주었다. "지금부터 잘 들으세요! 주위에 어른들이 보이죠? 학교 선생님이건 청소년 지도자들이건 각 팀별로 한 분씩 모시고 오는 미션입니다. 가장 먼저 모셔오는 팀에겐 점수 300점을 드리고, 가장 마지막에 모시고 오는 팀에게는 벌칙으로 엉덩이로 이름쓰기가 있습니다!"

멘트가 끝나자마자 나는 이 분위기에 맞는 빠르고 흥겨운 음악을 발사했다. 순간 뛰어다니는 학생들과 도망가는 학교 선생님들! 서로 웃음을 주체하지 못하고 가끔은 침을 흘리며 우리 학생들에게 잡혔다. 30초도 안 되어서 학생들에게 포위된 어른들은 양손을 잡힌 채 너덜너덜, 너털너털 서로 웃으며 학생들로 이루어진 원에 합류했다. 이제는 모든 사람들이 하나가 되어서 다시 한 번 흥분의 도가니로, 시공이 초월한 채로 몸을 미칠 정도로 흔들기 시작했다. 약 1시간 45분 정도의 시간 동안 진행되었는데, 1시간 15분 정도 되었을 때 정말 분위기가 최고조로 활활 타올랐다.

나는 음향을 조정하며 여러 여학생들의 눈빛을 볼 수 있었는데, 환희에 젖은 촉촉하고 선명한 광기어린 눈빛은 아직도 기억에서 잊히지가 않는다. 정말 대단했다. 음향을 맡은 나도 무척 신이 났고, 그 분위기에 감동받아서 눈물이 왈칵 쏟아질 정도였다.

이렇게 캠프파이어가 최고조로 진행되다가 학생들이 체력적으로 힘들어질 때쯤 자연스럽게 자리에 털썩 주저앉은 상태로 촛불의식이 진행되었다. 따로 촛불을 나눠주진 않았지만 홍 팀장님이 미리 나에게 이야기했던 음악을 재생했다. 잔잔하고 감동적인 배경 음악이 나오자 홍 팀장님이 분위기를 잡고 가족과 학교에 있었던 애틋한 이야기를 시작했다.

아까 전까지만 해도 화려하게 웃고 춤추던 여학생들이 이제는 한 명씩 눈물을 보이기 시작했다. 그리고 흐느적거렸다. 홍 팀장님이 촛불의식 멘트를 하기 시작하자 여학생들은 한 명씩 눈물을 보이다가 이내 모두가 고개를 떨 군 채 폭풍 같은 눈물을 흘렸다. 모두 다 훌쩍거렸다. 소중한 시간과 공간 에 대해서, 학교 선생님들에 대해서, 그리고 부모님에 대해서 다시 한 번 사 랑하고 감사하는 마음을 깊게 할 수 있도록 추스르고, 본인에 대한 반성에 대해서도 생각하는 표정들이었다.

　홍 팀장님은 평소 조용조용한 성격이어서 행사 진행을 이렇게 잘 할 거라 고는 전혀 예상을 하지 못했다. 그런데 캠프파이어를 이런 색깔로도 진행하 고 최고의 분위기를 낼 수 있다니 아주 인상적이었다. 기타를 맸을 때도 고 리타분한 기법들로 연주할 줄 알았는데, 막상 뚜껑을 열어보니 그의 실력은 레전드 즉, 전설이라고 불리기에 충분했다.

　이때부터 나는 홍 팀장님에 대해서 큰 관심을 가지게 되었다. 그리고 나 도 그 분처럼 레크리에이션을 멋지게 진행하고 싶다는 강한 욕구가 들었다. 그는 이후에 수련원에 들어온 학교의 학생들에게도 최고의 캠프파이어로 즐거운 추억을 선사했다. 새롭게 구성된 교육 팀이 홍 팀장님의 등장으로 승승장구했다. 원장님도 만족했고 실장님, 부장님도 모두 만족하였다.

🎤 휴식과 홍 팀장님의 행방불명

　그동안 고생한 우리 수련원 식구들도 휴식을 취하기 위해 주말은 각자의 가정에서 보내게 되었다. 휴식은 꿀맛이었다. 특히나 일요일 아침에는 잠이 얼마나 맛있었는지 일어나기 싫었고, 또 일어날 수가 없었다. 간신히 오후 3

시경에 일어날 정도였다. 간단히 밥을 먹고 뭐 좀 했더니 벌써 일요일 밤이 돼버렸다. 내일은 또 새로운 학생들이 들어와서 설레기도 하고, 정신없는 하루를 보내야 되니까 좀 힘들겠다는 마음의 부담도 되었다.

새롭게 시작되는 수련원에서의 한 주에 대해서 멍하니 생각하고 있는데, 때마침 수련원 실장님에게 전화가 왔다. '이 밤에 무슨 일로 전화하셨지?'라는 의아심을 가지고 전화를 받았다. 실장님은 토요일부터 일요일 이 늦은 밤까지 홍 팀장님과 연락이 안 된다고 이야기하며 혹시 홍 팀장님과 연락을 했는지 물어보았다. "저도 주말 동안 아무 연락 못 받았어요."라고 이야기를 드렸고 조금 후에 통화가 끝났다. 그리고는 다음 날 나는 어김없이 수련원으로 향했다.

어제 충분한 휴식을 취한 덕분에 몸은 조금 가벼웠다. 수련원에 도착해 음향과 각 숙소를 정비하고 회의도 했다. 그런데 출근해야 할 시간이 지났는데도 홍 팀장님의 모습은 보이질 않았다. 그동안 약 한 달 동안의 홍 팀장님의 언행을 돌이켜 생각해보면 신뢰가 덜 갔던 부분도 좀 있었다. 특히나 행동적인 부분에서는 약속을 어기는 경우가 때때로 있었다. 그리고 서울에서 맥도날드를 본인이 운영한다고도 이야기했었다. 본인이 사장인 것처럼 말이다. 내 육감으로는 왠지 오늘 그 분이 오지 않을 것 같았다. 그제야 상사 분들은 처음부터 홍 팀장님의 이력서가 약간 신뢰가 덜 갔지만 캠프파이어를 워낙 잘하고 실력이 좋았기 때문에 같이 일을 하게 된 것이었다고 말씀하셨다.

🎤 나에게 기회가 찾아오다

그 날 월요일은 마침 새로 들어온 학생들의 입소식도 있었고 낮에 활동성 프로그램도 있었는데, 이건 뭐 거의 레크리에이션이라고도 볼 수 있는 프로그램이었다. 진행할 사람도 없었는데 말이다. 우선 저녁에 이루어질 캠프파이어는 근처 이벤트 회사에 연락해 상사 분들이 알아서 일정을 맞춰놨다고 들었다. 낮에 이루어지는 레크리에이션 프로그램이 문제였다. 대체할 만한 인력이 없었다.

상사 분들은 내게 물었다. "김범수 쌤, 레크리에이션 자격증 있죠? 레크리에이션 교육 받아보신 적 있으시죠?" 내가 레크리에이션 자격증도 있고 하니 낮의 프로그램을 한 번 직접 진행해보라는 것이었다. 얼떨떨하고 좀 무서웠지만, 나는 오늘과 같은 기회는 꼭 잡아야 한다고 생각했다. 그래서 뜸들이지 않고 열심히 해보겠다고 말씀드렸다. 어정쩡하게 말씀드리면 나를 안 시킬 수도 있었으니까 말이다.

다행히 입소한 학생들은 중학교 남학생들이었다. 나는 낮 시간이 될 때까지 틈틈이 중얼중얼 거리면서 프로그램을 숙지하고 연습했다. 꼭 이럴 때 시간은 더 빠르게 흐르는 것 같았다.

드디어 점심시간 후에 학생들이 다 같이 모인 자리에서 부장님이 마이크를 잡고 오늘 하루의 일정을 소개했다. 그리고 첫 번째로 각 반의 팀명과 팀 구호를 정한 뒤 각 반의 색깔을 찾는 프로그램을 김범수 선생님이 진행해주신다고 소개했다. 부장님은 걱정 반 해탈 반의 표정으로 내게 마이크를 건넸고, 나는 조심조심 이야기를 풀어갔다.

부장님은 학생들 뒤편 출입구 부근에 잠시 서서 나를 보고 있었다. 하지만 나는 그런 시선에 부담을 느낄만한 여유도 없었다. 나는 먼저 박수로 학생들의 이목을 집중시켰다. "박수 세 번 시작! 박수 다섯 번 시작!⋯⋯." 초반에는 식은땀이 날 정도로 꽤 힘들었지만 서서히 적응이 되어 갔다. 남학생들은 나의 이야기에 꽤 잘 따라 와줬다. 웃어야 될 타이밍에 계산대로 약간씩은 웃어줬다. 내가 의도하는 타이밍에 학생들이 잘 따라 와줘서 나도 조금씩 자신감을 가지고 진행을 이어갈 수 있었다. 프로그램 후반부에는 나도 모르게 큰 목소리가 나왔고 팔 동작과 함께 점수를 주기도 했다. "2반 점수우~ 이~백~쩜! 3반은 마이너스 삼~씹~쩜!" 어느덧 2시간이 훌쩍 지나갔다.

프로그램 진행이 모두 끝나고 다른 지도자가 잠시 마이크를 잡았다. 그 사이 나는 잠시 화장실에 갔다. 화장실에 도착해서야 심호흡을 크게 내쉴 수 있었다. "휴~~~!" 다행이었다. 잘 하지는 못했지만 그래도 나의 진행이 멱살 잡힐만한 정도는 아니었다는 생각에 안도의 한숨이 나왔다. 나의 첫 레크리에이션 무대를 맛본 것이었다. 정식 레크리에이션은 아니었지만 그래도 레크리에이션을 할 줄 알아야 프로그램을 재미있게 진행하고 소화할 수 있었다. 상사 분들도 프로그램이 끝나고 나서 내게 특별한 말은 하지 않았다.

저녁에는 이벤트 회사에서 실내 장기자랑과 캠프파이어를 진행했다. 홍팀장님이 오질 않아서 우선 저녁 행사는 이렇게 이벤트 회사가 소화하는 방식으로 운영되었다. 대략 2주 정도 이런 운영이 지속되었다. 그러던 어느 날, 회의시간에 교육 팀보다 서열이 위인 실장님과 부장님이 지도자들 포함, 수련원 관계자 모두에게 이런 이야기를 하는 것이었다. 앞으로 주간에 진행되는 레크리에이션 성격의 실내 프로그램들은 김범수 선생님이 맡아서 해주면 좋겠다는 내용이었다.

나는 좀 놀랐고 감사하기도 했다. 하기야 이벤트 업체를 불러서 낮 교육도 하고 저녁 레크리에이션도 하려면 부를 때마다 비용이 많이 드는데, 지도자들을 활용하면 경영에 도움도 되고 수련원 구성원들의 능력 계발에도 좋을 것이었다.

🎤 발전은 하고 있지만……

그 뒤로 언제부터인가 상사 분들은 나를 부를 때 가끔 멈칫하면서 어색하게 불렀다. 왜 그럴까 궁금했는데 얼마 후에 이유를 알게 되었다. 알고 보니 나의 위치나 호칭이 애매하기 때문이었다. 우선은 홍 팀장님이 없기 때문에 나를 '부팀장'으로 부르겠다는 것이었다. 그래서 나는 '김범수 선생'에서 '부팀장'으로 호칭이 바뀌게 되었다.

내가 처음 이곳에 들어올 때 말 그대로 '스피커도 열심히 들고 다니고 위에서 시키는 대로 묵묵히 땀 흘리다보면 언젠가는 무대 위에서 마이크를 잡게 될 날이 올 것이다'라는 생각을 했었는데, 결국은 그 말대로 이루어졌다. 게다가 이제는 나와 비슷한 때, 비슷한 역량으로 들어온 지도자들도 나를 '부팀장님'이라고 부르게 된 것이다. 언젠가는 이런 흐름을 탈 수 있을 거라고 생각했는데 일단은 내 생각대로 됐다.

'말더듬이인 내가 많은 사람들 앞에 나서서 마이크로 이야기하며 통솔하게 될 줄이야!' 나에게는 아주 큰 변화였다. 그건 그렇고 이제는 누가 나를 보더라도 '부팀장'감이 되어야 했다. 인성과 역량도 부족하면서 부팀장 소리를 들으면 사람들에게 반감밖에 못 산다. 그렇게 되지 않기 위해서는 학생들 통솔도 잘 해야 되고, 레크리에이션과 같은 어려운 진행도 재미있고 감동적으로 잘 할 수 있게끔 미리미리 준비를 해놓아야 했다. 지금보다 더 적극적으로 강도 높은 노력을 해야만 했다. 그래서 나 스스로에 대해서 따로 시간을 가지고 여러 가지를 점검해봤다. 말더듬는 버릇은 어느 정도 해결했는데 입담이 아직 풍부하지 못한 것이 크게 아쉬웠다. 멘트가 짧고 단답형 수준이었다.

만약 상사 분들이 나에게 불쑥 캠프파이어 진행을 시킨다면, 또는 이벤트 업체에 무슨 일이라도 생겨서 수련원에 못 오게 된다면, 그래서 캠프파이어 진행을 못하게 될 경우에 사람들이 혹시라도 나를 바라본다면 과연 나는 그 기회를 잘 살릴 수 있을까도 생각해보았다.

헐크 선생님처럼 첫 행사를 흐지부지 망치게 되면, 이미 인식된 부정적 이미지를 긍정적 이미지로 바꾸는 데는 엄청난 노력과 시간이 필요할 것이다. 아직 나는 규모가 작은 레크리에이션 성격의 프로그램을 진행하기 때문에 별 다른 이야기들이 안 나왔는데, 앞으로 규모가 더 큰 행사를 어설프게 맡았다가는 안 좋은 말이 나올 수도 있기에 스스로 더 많은 준비가 필요했다. 그래서 혹시 모르니 미리 프로그램을 짜놓기로 했다. 나의 갈 길은 훌륭한 레크리에이션 강사가 되는 거니까 미리미리 준비를 하고 실력을 쌓아놓자는 것이었다.

레크리에이션과 캠프파이어 진행 시, 처음의 도입 부분 멘트를 자연스럽게 펼쳐나가는 것이 아주 어려웠다. 고심하다가 도입 멘트를 연습장에 토씨 하나 틀리지 않게 적어서 달달달 외우자는 계획을 세웠고 실행했다. 수십 번을 반복해도 잘 외워지지 않았다. 연습장을 아예 안보고 실전과 같이 말을 해봐도 어조가 자연스럽지 못했다. 어색하고 가끔 흐름이 뚝뚝 끊기고, 그 다음 무슨 말을 해야 할지 멍해지는 때도 많았다. 자연스럽게 풀어가야 하는데 이게 참 어려웠다.

어떻게 해야 레크리에이션 강사 김제동 씨(2000년대 초)처럼 자연스럽고 재미있게 진행할 수 있을까? 그 분이 출연한 'KBS 폭소클럽' 방송 영상들을 자주 보고 멘트도 따라해 보기도 하며 연구를 했다. 그런데도 잘 안 되었다. 말이라는 게 나에게는 너무 어려웠다. 말을 능수능란하게 잘 할 수 있어야 레크리에이션도 더 잘 할 수 있는 데 말이다.

일단은 토씨 하나 틀리지 않고 외우는 방식에서 조금 틀리거나 방향이 다른 데로 가더라도 어떻게든 말을 만들어보려고 노력하는 방식으로 바꿨다. 차를 운전하면서 가이드처럼 주위의 풍경을 설명해보기도 하고 라디오 DJ처럼 멘트를 따라해 보기도 했다. 그리고 표현 능력도 많이 부족한 것 같아서 이제부터 내가 보거나 듣는 어휘 중에서 모르는 것이 있으면 무조건 메모해두었다가 뜻이 무엇인지 꼭 찾아보기로 했다. 사투리라 할지라도 모르는 표현이 나오면 수첩에 적고 당사자에게 물어보거나 사전을 찾아보았다. 길을 걸으면서도 주위의 풍경과 모습, 그리고 앞에 지나가는 사람들, 내 앞을 앞질러 가는 사람들에 대해서 중계하듯이 입을 계속 움직였다.

또 어디서 듣기로 말을 잘 하려면 잘 들어야 한다고 했다. 이때부터 말발 수첩을 항상 몸에 지니고 다니며 활용했다. 하지만 말하기 능력은 하루아침에 눈에 띄게 변하는 것은 아니었다. 아주 미세하게라도 표시조차 나지 않았다. 나에게는 영어나 수학보다 더 어려운 게 말하기였다. 아이러니하게도 이렇게 잘 하지 못하는 것을 직업으로 가지려고 하다 보니 남들보다 더 많은 연습을 해야만 했다.

캠프파이어 프로그램은 어느덧 적당하게 완성되었다. 나는 말발이 부족하기 때문에 프로그램을 창의적으로 구성하고 음악으로 승부를 내기로 했다. 그래서 생각한 것이 캠프파이어 점화 방식을 바꾸는 것이다. 혹시 내가 캠프파이어를 진행한다면 점화 방식을 더 멋있게 하고 싶었다.

산이라는 지형적 특성을 이용해서 높은 특정 지점부터 캠프파이어 장작까지 가느다란 철사를 연결한다. 그리고 불 붙은 폭죽이 철사를 미끄럼틀 타듯 타고 내려가 장작까지 도달하게 하는 것이다. 그럼 철사의 기울기에 의해서 폭죽이 자동적으로 장작 쪽으로 향하게 되고, 미리 장작에 묶어놓은 자동차 기름이 담겨있는 비닐봉투에 닿게 될 것이다. 폭죽이 닿자마자 장작은 활활 타오르게 된다. 그럼 더 멋진 캠프파이어 점화식이 이루어져서 한 방에 캠프파이어 분위기를 확 끌어올릴 수 있게 된다.

이외에도 여러 가지 창의적인 계획이 있었다. 그 중 하나는 안무에 관한 것이었다. 예전 율동 말고 요즘 학생들이 좋아하는 현 트렌드에 맞게 구성하는 것이다. 참여하는 대상들의 눈높이를 정확하게 충족시키는 새롭고 다양한 안무를 구성하는 것이다. 그리고 캠프파이어 초반에도 일반 기타 말고 전자기타로 분위기를 내면, 전자기타의 힘 있고 세련된 소리를 듣는 것만으로도 학생들은 미치게 될 것이다. 이렇듯 나는 말발 이외에 다양한 프로그램과 아이디어로 좋은 캠프파이어를 만들 수 있도록 머리를 쥐어짜냈다.

어느 날, 실장님이 나에게 저녁 실내 장기자랑을 한 번 진행해보라고 했다. 음, 저녁 행사는 검증된 사람들에게만 시켰었는데 나한테 말씀하시다니 깜짝 놀랐다. 그래서 저녁 장기자랑 레크리에이션을 진행하게 되었다. 음악은 감각이 좋은 다른 선생님이 봐주었다. 다행히 학생들이 착해서 잘 웃어주고 놀아줘서 재미있게 끝났다. 실장님과 부장님이 나를 보더니 고생했다고 한 말씀 해주셨다.

그 뒤로 나는 적은 인원수의 학생들이 참여하는 캠프파이어도 진행을 하게 되었다. 아침부터 만반의 준비를 하고서 최선을 다했다. 온 몸을 이용하고 목에서 피가 날 때까지 소리를 질렀다. 원장님과 실장님, 그리고 부장님은 역시 나에게 힘이 되는 말씀을 해주셨다. "학생들이 오늘 캠프파이어 재미있었대요." 이후로는 웬만한 규모의 캠프파이어는 모두 내가 진행을 하게 되었다.

계속되는 수련원 실세들의 믿음과 지원에 힘입은 나는 챌린지 프로그램인 150m 길이의 와이어 활강 프로그램을 3개월 동안, 여러 건설 장비와 스스로의 노동으로 직접 설계하고 건설했다. 덕분에 수련 활동 프로그램도 전보다 훨씬 더 다양하게 운영되었다. 그렇게 몇 개월을 보낸 후 나는 부팀장에서 팀장으로 새로운 호칭을 받을 수 있었고, 또 다른 도전을 생각했다.

🎤 결단

　청소년 수련원에서 꽤 대우도 해주고 캠프파이어도 직접 진행할 수 있어서 무척 좋았다. 웬만한 업무들은 상사 분들이 나에게 주로 시켰고, 나는 나를 믿어주는 만큼 기를 쓰고 일을 완성하려고 노력했다. 그러다보니 수련원에서 필요한 웬만한 일들은 거의 다 배우게 되었다.
　특히 좋았던 것은 캠프파이어 무대에 서보면서 노력 방향을 알았다는 것이다. 만약 캠프파이어 첫 무대를 진행해보지 못했다면 그 다음 무대도 없었을 것이고, 그럼 레크리에이션 강사가 되기 위해서는 도대체 어떻게 노력을 해야 되는지 체감할 수 없었을 것이다. 첫 무대를 못 서는 만큼 나의 진도 역시 늦어졌을 것이다. 누가 나에게 이런 기회를 줄 것이며 사람들을 모아놓은 실전 무대에서 실습을 어떻게 해 볼 수 있단 말인가? 진행을 잘 했건 못 했건, 이런 실전 경험들은 나에게 정말 큰 자산이 되었다. 특히 실전 경험들을 바탕으로 점점 내가 하고 싶었던 일, 레크리에이션 진행을 하면서도 어느 정도 생활할 수 있는 돈까지 따라오는 상황을 만든 부분이 참 고무적이었다. 전반적인 나의 상황들이 내가 원하는 방향으로 흘러가고 있어서 좋았다.
　그런데 아쉬운 점이 있었다. 산속에만 있다 보니까 다양한 행사를 모니터하기가 힘들었고 다채로운 행사를 접할 수 있는 환경이 되지 않는다는 점이었다. 실력 있는 레크리에이션 강사와 MC들의 행사들을 직접 보면서 자극도 받고 그러면서 계속 나의 실력도 키우고 싶은데 말이다. 나아가서는 다양한 무대 영역, 예를 들면 연예인 팬 미팅이라던가 지역 축제 진행 등 다양한 진행도 한 번 해볼 정도로 실력을 키워보고 싶었다. 수련원도 내가 하고 싶은 일들과 상당히 부합되는 부분들이 많아서 좋기는 했는데 나는 좀 더 큰 세계로 가서 더 많은 것들을 보고 느끼고 싶었다. 실력도 더 키워야겠다는 생각이 들었다. 그래서 나는 무대가 많은 곳, 서울로의 진출을 결심하기에 이르렀다.

이 마음을 먹은 뒤, 상사 분들에게 어떻게 말을 해야 될지 몰라서 며칠 동안 마음고생을 했다. 바로 말씀을 드리려고 했지만 죄진 사람처럼 입 안에서 도통 말이 나오질 않았다. 매일매일 말씀을 드리려고 노력했는데도 도저히 입이 떨어지지 않았다. 나의 생각을 수련원 상사 분들, 부장님, 실장님, 원장님께 빨리 말씀드려야 하는데 괜히 죄송해서 말이 안 나오는 것이었다. 이 때문에 스트레스를 아주 많이 받았다. 이렇게 죄송하다고 생각되는 말들은 아직도 쉽게 말 못하는 소심한 성격이 많이 남아 있었나보다.

몇 날 며칠을 고민하고 한숨을 쉬며 앓다가 아무리 생각해도 내 생각대로 추진하는 게 맞다는 판단이 들었고, 그래서 정말 어렵게, 어렵게 상사 분들에게 말씀을 드렸다. 나의 꿈과 방향에 대해서 정중히 말씀을 드리고 그동안의 감사함을 표현했다. 다행스럽게도 상사 분들도 나의 의견에 격려를 해주었고 그동안 고생 많았고 감사하다는 이야기를 해주었다. 그 후 자연스럽게 내 자리를 채울 후임자가 왔고, 나는 수련원의 여러 곳들을 다시 한 번 살피면서 최대한 깔끔하게 정리를 했다.

🎤 큰 무대로 가보자, 서울로 상경

　나는 이 때 쌍용 코란도 차량을 가지고 있었다. 이 차량의 장점은 튼튼하고 운전석과 조수석 뒤에 짐들을 많이 실을 수 있다는 점이었다. 서울에서 생활할 때 필요할만한 온갖 잡동사니들을 차량 뒤에 가득 싣기 시작했다. 이불 두 개, 베개, 냄비, 밥그릇, 숟가락, 젓가락, 옷가지, 세면도구, 밥통, 오베이션 기타, 쌀 20kg 등 닥치는 대로 실었다. 생활할 때 필요할 것 같으면 다 실었다. 그리고 조금이라도 빈 공간이 있으면 물건들을 구겨서라도 억지로 끼워 넣다시피 했다.

　처음에는 꼭 필요한 것들만 실으려고 마음먹었는데 계속 싣다보니까 이것도 필요해서 싣고, 저것도 필요해서 싣게 되었다. 그러다보니 어느덧 차량은 짐들로 가득 찼고, 물건들을 너무 많이 실어서 차량 뒷문이 안 닫히는 상황까지 왔다. "아이, 어쩌지? 좀 빼자, 다시 내리자!" 그런데 막상 덜 필요한 것들을 내리려고 하자 뭐 한 가지라도 필요하지 않은 게 없었다. 모두 필요한 것들이었다. 그래서 다시 한 번 짐들을 억지로 정리를 하고 안에 있는 물건들을 차 문으로 강하게 밀어서 쾅! 소리 날 때까지 확실히 차문을 닫았다. '닫힘!' 퉁명스럽고 불만에 가득 찬 것처럼 차문 닫히는 소리가 힘차게 났다. 마치 더 이상 물건들을 싣는다면 차주를 가만히 안두겠다고 경고를 보내듯 말이다. 짐을 다 실은 차를 옆에서 바라보니까 차체 뒤편이 축 내려앉아서 뒷바퀴 윗부분이 안보일 정도였다. 뒷바퀴가 차체 안으로 빨려 들어갈 것만 같았다. 아무리 차체 뼈대가 튼튼한 차라고 할지라도 한계가 있었다. 기타는 차량 지붕 위에 노끈과 노오란 테이프로 고정시켰다.

　차량이 다소 불안하게 보였지만, 나는 나의 꿈을 향해서 가야만 했다. 운전석에 앉아서 시동을 걸고 조심스럽게 출발했다. 방향은 북쪽, 서울이었다. 초반에는 조심조심 가다가 고속도로에 진입하니까 나도 모르게 속도를 올리려고 액셀러레이터를 세게 밟고 있었다. 근데 평상시보다 차가 무거워서 그런지 내 마음대로 속도 조절이 되지는 않았다. 중간에 차를 멈추고 차에서 내려 차를 보았더니 기타 방향이 많이 돌아가 있었다. 하마터면 기타가 날아갈 뻔 했다. 마음을 졸였다. 혹시라도 기타가 지붕에서 날아 갈까봐 다시 한 번 줄로 잘 묶고 출발했다.

정말 하루 종일 거북이처럼 이동했더니 늦은 밤이 되어서야 서울에 도착할 수 있었다. 첫 날은 미리 전화를 드려놓은 이모 댁에서 신세를 졌다. 다음 날 서울에서 한 이틀 배회하다가 서울 금천구 독산동에 방 하나를 얻을 수 있었다. 보증금은 없고 월세만 한 달에 20만원이었다.

방 안은 그야말로 휑했다. 아무것도 없었다. 옷걸이도 없고, 냉장고도 없고, 세탁기도 없고, 테이블도 없고 선반도 없었다. 딱 방 하나만 있었다. 나름 열심히 살았는데 모인 돈은 없었기 때문에……. 수련원에서 열심히 일해서 자동차를 마련했다는 거, 뭐 가진 거라고는 이 차밖에 없었다.

앞으로 이 곳 서울에서 먹고, 자야 하고, 자동차 유지도 해야 하고 돈 들어갈 일은 참 많았다. 뭐라도 당장 시작해야만 했다. 닥치는 대로 일을 하려고 했는데, 잠깐 내가 이곳에 온 이유를 다시 한 번 생각해보았다. 나는 좀 더 다양하고 큰 무대에서 꿈을 실현시키려고 온 것이었다. 나의 꿈은 실력 있는 레크리에이션 강사가 되는 것이었기 때문에 이왕이면 레크리에이션 행사를 자주 보고 느낄 수 있는 곳을 알아보는 게 바람직한 방향이었다. 그래서 이런 행사를 자주 접할 수 있는 이벤트 업체를 한 번 알아보기로 했다.

🎤 들이대다

어떻게 또 경로를 알아봐야 되나 연구를 하다가 휴대폰을 들여다보았다. 혹시라도 뭐가 나오지 않을까 하는 생각에서였다. 그리고는 폰에 저장된 연락처를 하나하나, 한 줄 한 줄 액정 화면을 차례차례 아래에서 위로 올리면서 뒤적여봤다. 예전에 레크리에이션 교육을 같이 받았던 분들의 연락처들이 아직까지 남아있었다. 또 이때는 시기적으로 가을 행사들이 서서히 많아지기 시작할 때였다. 가을은 운동회다 축제다 행사가 많을 때였고, 또 겨울로 들어가면서 송년회다 뭐다 행사가 풍성해지는 때이기도 했다.

희망을 가지고 레크리에이션 관련 지인에게 전화를 해보았다. 다행히 반갑게 나를 기억해주었다. 지인은 본인이 근무하는 이벤트 업체 사장님하고 이야기를 한번 해보고 말이 어떻게 나오든, 되든 안 되든 연락을 해준다고 했다. 어쨌든 전화라도 해서 말을 해놓고 나니까 심리적으로 안정이 되었다. 기분이 좀 좋아졌.

그렇게 전화를 끊은지 약 10분 정도밖에 안됐는데 바로 연락이 왔다. 짧은 시간 안에 전화가 오니까 무슨 느낌인지 판단하기가 애매했다. 나에게 이야기하기를, 마침 각종 행사를 지원할 스텝이 필요한데 할 거냐고 조심스럽게 물어보는 것이었다. '내가 지금 찬밥 더운 밥 가릴 때냐?' 나는 바로 하겠다고! 나는 좋다고 이야기를 했고, 바로 그 다음날부터 이벤트 업체에서 일을 하게 되었다.

예전 같으면 전화 한 번 하려고 해도 용기가 없어서 엄청 머뭇거렸는데, 확실히 발등에 불이 떨어지니까 이것저것 안 가리고 바로 도움을 요청했던 것 같다. 역시 사람은 필요한 말도 잘 할 줄 알아야 된다. 말을 했더니 일단은 비슷하게나마 내가 원하는 방향으로 일이 속전속결 진행되었다.

🎤 행사 사회자만 빼고 별 걸 다 해보다

나는 레크리에이션 강사를 하고 싶었지만 기획과 사업에도 관심이 있었고, 배울 거면 무대 기획부터 설치까지 행사 진행에 필요한 전반적인 사항들을 배우고 체험하는 것도 아주 좋다고 생각했다. 돈을 벌면서 공부까지 하는 건데 긍정적으로 생각해야지. 그렇게 생각하니까 별 걸 다하게 됐다.

첫 날에는 서울의 강북 쪽에 가서 무대를 설치했다. 무대를 어떻게 설치하는지 집중해서 보고 빠르게 움직이려고 노력했다. 나를 소개해준 사람이 최소한 욕은 안 먹게 해야 되고, 일을 잘 한다는 소리는 못 듣더라도 최소한 일을 열심히 한다는 소리는 들을 정도로는 일을 해야 됐다. 그게 일하러 나온 사람으로서 최소한의 예의라고 생각했다.

무대를 설치하기 시작한지 세 시간 정도가 지나니까 비가 부슬부슬 내렸다. 비는 문제가 안 되었다. 비가 많이 오면 시원해서 좋지 않은가? 아침부터 이벤트 회사 사장님과 나를 포함해 다섯 명이서 열심히 일을 하다보니 오후 2시 정도에 일이 끝났다. 생각보다는 일찍이었다. 그리고는 다들 온 몸이 비에 젖은 채로 차에 탔다. 점심을 좀 먹어야 되는데, 차 밖에는 비가 엄청 많이 내렸다. 그렇게 계속 차로 이동하다보니, 그리고 어떻게 하다보니까 다 같이 점심을 먹을 수 있는 분위기가 되지 못했다. 나는 옷이 축축이 젖은 채로 그냥 집으로 돌아왔다.

집에 와서 거울을 보니까 물에 빠진 고슴도치마냥 머리카락도 젖어 있었고 옷도 젖어 있었다. 많이 배고팠다. 나도 모르게 침도 자주 삼키게 되었고 시간이 지체될수록 더 이상은 도저히 참을 수가 없었다. 빨리 무언가를 먹어야만 했다.

뭐 먹을 것이 없나 이곳저곳을 찾다보니까 미리 사놓은 컵라면이 보였다.

3장 못하지만 내가 하고 싶은 일을 하며 살고 싶다가느다란 비닐봉지를 얼른 뜯고 수프를 넣고, 그 위에 뜨거운 물을 부었다. 그러자 김이 모락모락 났다. 얼른 뚜껑을 닫고 몇 분을 기다렸다. 몇 분 지나고 나서 뚜껑을 열어보니까 얼큰하고 담백한 붉은색 국물이 보였고 냄새가 났다. 적절하게 잘 익었다.

나도 모르게 손동작이 빨라졌고, 뜨겁건 말건 입부터 갖다 댔다. 폭풍 흡입을 했다. 젓가락질 두세 번을 하니까 부스러진 라면 면발과 국물이 뜨겁게 남아 있었다. 조금씩, 조금씩 국물을 들이켰다. 국물이 아주 시원했고 뜨거웠다. 담백했다. 황홀했다. 사발면을 만든 사람에게는 노벨상이라고 줘야 한다는 생각도 들었다. 어느덧 녹지 않은 스프 알갱이들까지 보일만큼의 소량의 국물과 라면 부스러기들이 용기 한쪽 구석에 모였다. 보통 때면 이런 거는 안 먹었을 텐데, 나도 모르게 어느 새 원샷을 했다. 아주 짧은 시간에 빈 용기만 남게 되었다.

기분이 좋았다가 나도 모르게 갑자기 허탈해졌다. 이내 현실을 깨달았다. 현실이라고 하면, 맛있는 라면은 다 먹어서 없다는 것과 현재는 성공한 상태가 아니니 일을 열심히 해서 빨리빨리 진도를 나가서 성공하자는 것이었다. 이 날을 시작으로 그 다음 해 여름 전까지 그 이벤트 회사에서 여러 다양한 행사들을 온몸으로, 온 피부로 느꼈다. 거기서 한 일들은 기획서 작성, 무대 설치, 조명 설치, 행사 스텝, 행사 사진 촬영, 창고 정리, 소품 만들기, 야간 운전 등 다양했다. 무대 위에서 사회자로서의 행사 진행은 한 번도 못해봤고 대부분 몸으로 하는 일들을 경험하면서 다른 MC들의 행사들을 접했다.

내가 하고자 하는 일은 무대 위에서 행사 진행을 하는 것이었는데 아예 나는 일 잘하는 스텝으로 굳어졌던 것 같다. 여기서는 흐름이 좋지 않았다. 내가 레크리에이션 강사로서 무대에 서게 되기에는 나의 이미지가 다른 쪽으로 너무 고착화되었다. 처음부터 면접을 봐서 MC로 들어간 것은 아니지 않나? 닥치는 대로 열심히 일을 하다보니까 다른 사람들도 그렇고 나도 그렇고 이 역할에 아주 익숙해져버렸다. 여기서 계속 일하다가는 본래 내가 하고 싶었던 레크리에이션 강사는 더 이상 못하게 될 것 같았다.

🎤 새로운 무대에 서보다, 그런데……

이제는 MC 진행만 전문적으로 하는 곳을 알아보기로 했다. 행사 관련 모임도 가보고 행사 관련 업체도 자주 알아보며 다방면으로 발품을 팔았다. 그랬더니 사회자 클럽이라는 곳과 어떻게 연이 닿아서 MC로만 전문적으로 활동하는 권 선생님을 만나게 되었다. 그 분은 사시사철 오로지 행사 진행만 하러 몸만 움직이는 분이었다. 이동할 때 음향기기, 스피커, 멀티탭 등 이런 장비들을 안 가지고 다니는, 말 그대로 전문 MC였다. 그 분을 알고 난 후로 언제부터인가 나는 그 분을 따라다니면서 일을 돕기도 하고, MC에 대해서 조금씩, 조금씩 배우기도 했다. 참고로 레크리에이션 강사와 MC는 거의 똑같은 것이라고 보면 된다.

그렇게 권 선생님을 따라다니면서 조금씩 지도를 받았는데 그 분이 하시는 말씀이 나는 말발이 약하다는 것이었다. 그동안 꾸준히 노력해서 말더듬 증상은 고쳤는데, 무대 상황에 따라서 그 상황에 잘 어울리는 좋은 입담을 풀어야 하는데 그걸 내가 잘 못하는 것이었다. '실력 있는 레크리에이션 강사가 되어야 하는데 말발이 약하다니!' 참 내 스스로가 안타까웠다.

어떻게 하면 말발을 늘릴 수 있을까? 초등학교 때부터 말을 아주 심하게 더듬었고, 어려서부터 말을 별로 안하다보니까 언어적 감각이 아주 둔한 상태인데 어떻게 단기간에 극대화할 수 있을까? 참 난감했다. 말발이 좋은 권 선생님은 행사 진행을 하기 위해서 전국을 다 다녔다. 그리고 나는 행사에 필요한 도움을 드리기 위해 같이 다녔다. 권 선생님의 사회는 장점들이 많았지만 그 중에서도 특히 인상적이었던 것은 어떤 악조건 속에서도 분위기를 재미있게 만들 줄 아는 것이었다.

권 선생님을 열심히 도와드리다보니까 권 선생님이 나에게 기회를 주었다. 진행을 한 번 해보라는 것이었다. 무대는 인천에 있는 이벤트 호프집이었다. 장사가 잘 되지 않는 호프집이었는데 이벤트를 재미있게 진행해서 손님들이 많이 오도록 하려는 계획이었다. 권 선생님이 이런 행사를 제안한 이유는 이벤트 호프집도 살리고 나도 MC로서 성장시키려는 좋은 의도였던 것 같다. 나는 첫 행사를 잘 진행하기 위해서 입을 움직여가며 연습을 많이 했다. 특히나 입담이 별로 좋지 않다보니까 스스로 안심이 될 때까지 연습했다. 물론 아무리 연습해도 안심은 되지 않았다.

드디어 첫 무대에 서는 날이 되었다. 이 날은 권 선생님과 정 선생님이라는 또 다른 분이 오셨다. 내 행사를 지켜보러 온 것이었다. 가뜩이나 긴장이 되는데 관계되어 있는 분들이 많이 앉아 있었다. 권 선생님, 정 선생님, 호프집 사장님, 아르바이트 생, 그리고 손님들……. 심장이 너무 흔들려서 떨어지는 줄 알았다. 어쩔 수 없었다. 선택의 여지가 없었다. 그냥 밀고 나가야만 했다. 떨리지만 마음을 잡고 드디어 입을 떼었다.

첫 멘트를 시작했다. 연습한대로 열심히 최선을 다해 말했다. 초반 5분간의 나의 진행 모습을 보고서는 정 선생님이 흡족해하는 것 같았다. 그리고 조용히 일어서더니 잠깐 문을 열고 밖으로 나갔다. 담배를 태우러 나간 모양이었다. 아래 앉아 있는 다른 분들도 5분 정도의 나의 진행 모습을 보고는 다시 하던 일을 계속 이어갔다. 나는 대략 1시간 정도를 진행했다.

끝나고 권 선생님이 알 수 없는 표정으로 앉아보라고 했다. 초반 10분간은 재미있었는데, 그 다음부터는 재미가 하나도 없었다는 것이다. 두 분의 표정은 알 수 없는 표정이었다가 이내 부정적으로 바뀌었다. 첫 이미지가 정말 중요한 건데 좋지 못한 모습을 보인 것 같아서 속이 많이 뜨거웠다. 두 분은 연신 담배만 피워댔다.

어느 정도 시간이 흘러 이벤트 호프집이 영업을 마무리 할 때쯤, 정 선생님은 아무도 없는 구석으로 나를 부르며 하얀 봉투를 주었다. 진행비였다. 보통 호프집 매출에 따라서 몇 퍼센트를 MC 몫으로 한다는 설명과 함께 얼마 안 들어 있을 거라고 하며 내 손에 안겨줬다. 집에 가서 봉투를 열어보니 27,500원 정도 있었다. 당시 MC들이 보통 30~80만 원의 행사비를 받는 거에 비하면 많이 터무니없는 금액이었다. 하지만 어쩔 수 없었다. 나의 실력이 곧 행사비 아니겠는가?

첫 날 행사는 연습을 많이 해서 다행히 초반 몇 분만큼은 분위기가 좋았다. 물론 그 다음부터는 재미없었다는 쓴 피드백을 받았지만 후퇴는 할 수 없었다. 한 번뿐인 인생인데, 대충 현실과 타협하면서 소극적으로 재미없게 살고 싶지는 않았다. 뼈를 가는 고통을 느끼더라도 극복해내야 했다. 이제부터는 몸으로라도 웃겨서 어떻게든 행사를 재미있게 진행해볼 수 있도록 단단히 마음을 먹었다. 사회를 잘 못 보면 왠지 분위기가 얼마 후에 잘릴 것 같았다. 행사 준비를 틈날 때 마다 최선을 다해서 해야 했다.

열심히 준비하려는 마음도 컸고 의욕도 컸는데 프로그램 준비는 너무 안 되었다. 진도가 안 나갔다. 방법을 잘 모르겠고 산에서 캠프파이어만 해서 다른 레크리에이션 프로그램 기반과 멘트 기반이 현저히 부족했다. 말이라도 잘 한다면 프로그램이 소박하고 평범하더라도 재미있게 잘 풀어갈 수 있을 텐데 말이다. 있는 거라곤 열정 하나만 있었다. 그것뿐이었다. 행사 사회라는 것은 즉흥적으로 사람들을 보면서 이런저런 재미있는 이야기를 상황에 맞게 잘 풀어가야만 하는데, 소재거리도 별로 없고 입담도 약하다보니까 어려웠다. 행사 사회자로서는 치명적인 단점이었다. 산속에서의 캠프파이어는 프로그램과 기본 멘트, 음악들이 서로 잘 어울리게 미리 세 박자를 연습하고 협의를 잘 해놓으면 예정대로 흘러가게 할 수 있었다. 그래서 그렇게 큰 어려움을 느끼지 못했는데 야생으로 나오니까 나의 문제점들이 아주 크게 두드러졌다.

이런 나의 사정이 어떻든지 간에 다음 날 호프집에서 이벤트를 진행할 시간은 또 가까워졌다. 또 그곳에 가기 위해서 출발해야만 했다. '아~! 가기 싫다!' 이런 생각이 진하게 들었다. 하지만 몸은 어쩔 수 없이 이미 움직이고 있었다. 약간 도살장에 끌려가는 느낌이랄까? 그런 느낌도 있었다. 밤이 되자 또 나는 마이크를 잡고 진행을 시작했다. 열심히 사회를 보았다. 행사 진행이 끝나고 또 집에 돌아와서는 이것저것 프로그램이 될 만한 것들과 멘트가 될 만한 것들을 찾아보고 들춰보았다. 그런데도 프로그램이나 멘트로 쓸 수 있을 만한 수확은 거의 없었다. 이런 비슷한 반복이 며칠간 계속 되었다.

3, 4일 후 호프집 아들이라는 매니저가 나한테 이야기 좀 하자는 것이었다. "손님들에게 나온 이야기인데요, 멘트가 항상 똑같대요! 뭐, 제가 딴…지를 걸려고 하는 건 아니고요. 알고는 계셔야 되니까 이렇게 말씀을 드리는 겁니다!" 참네! 다시 한 번 생각해보니까 그럴 수도 있겠다는 생각도 들었지만, 막상 나보다 나이 어린 매니저에게 그 이야기를 직접 들으니까 얼굴이 붉으락푸르락 해졌다. 한마디로 이야기해서 '쪽팔렸다!'

🎤 말발을 늘려야만 내가 원하는 삶을 살 수 있다

 '이런 식으로는 정말 안 된다! 말발을 길러야만 한다.', '이제부터는 이동할 때도 중얼중얼 거리면서 멘트 성장에 총력을 기울이자!' 다짐하고 모르는 단어가 있으면 직접 국어사전으로 찾아보고 외웠다. 그리고 표현력에 신경을 많이 썼다. 노력은 많이 하는 것 같은데도 실제로 나의 언어 능력은 별반 나아지지 않았다.

 '음, 말을 알려주는 학원은 어디 없나? 말을 알려주는 학원을 한 번 다녀볼까?' 이런 생각이 들었다. 그래서 결국에는 스피치 학원이라는 곳에 한 번 가보게 됐다. 스피치 학원에 가보면 뭔가 노력 방향과 힌트를 얻을 수 있겠거니 기대하고 말이다. 그리고 사람들 앞에서 긴장하는 부분에 대해서도 어떤 도움을 받아 볼 수 있지 않을까 해서 서울 소재의 한 스피치 학원에 다니게 됐다.

 다니면서 느꼈던 점은 즉흥 스피치를 잘 하기 위해서는 평상시에 관련 책도 많이 읽고 생각도 많이 해놔야 하고 연습도 많이 해봐야 된다는 것이었다. 그리고 스스로 깨달은 것인데, 대중 앞에서의 떨림을 없애기 위해서는 말을 풀어가는 능력이 정말 중요하다는 생각이 들었다.

 즉흥으로 말을 잘 한다는 것은 아주 어려웠다. 스피치 학원에서는 이걸 '즉흥 스피치'라고 불렀다. 어떤 말하기(스피치) 주제를 보고 난 후 생각할 시간을 충분히 가진 다음에 말을 하는 게 아니라, 주제를 보자마자 바로 말을 하는 것이었다. 어려운 장르였다. 생각지도 못한 주제를 듣고서는 무슨 말을 어떻게 해야 할지, 어떻게 풀어가야 할지, 바로 바로 감이 안 왔다. 바로 바로 생각이 나질 않았다.

 나는 원래 말을 심하게 더듬었던 데다가 아주 어렸을 때부터 말을 만들어내는 데 시간이 너무 오래 걸릴 만큼 언어적으로 둔한 사람이었다. 이 즉흥 스피치를 연습할 때, 할 말이 떠오르지 않아서 너무 느리게 이야기를 하다가 중도에 포기하는 형태가 돼버리는 경우가 많았다. 우리 가족들을 보았을 때 누나는 말이 아주 빠른 편이었는데 나만 말이 너무 느렸다. 똑같은 피를 나눈 친형제인데 참, 나만 이렇다니! 이때는 누나가 그렇게 부러울 수가 없었다.

MC 진행이나 레크리에이션 진행을 자유자재로 능수능란하게 잘 하려면 상황에 맞게 적절하게끔 말을 만들어내야 되고, 말을 만드는 속도도 짧아야만 된다. 그리고 말 속도도 정말 빠르게도 할 줄 알아야 하고, 때로는 속도를 줄일 수도 있어야 한다. 그런데 나 같은 경우에는 말의 속도가 너무 늦어서 리듬도 끊기고 또 흐름을 못 가져가는 심각한 상태였다.

청소년 수련원에 있을 때에는 진행 시 프로그램과 음악으로 많은 도움을 받았고, 기본적으로 대상들의 변수가 적었기 때문에 멘트만 달달달 외워놓으면 어느 정도는 대처가 가능했지만 이제는 오로지 말발로만 승부해야 하는 무대였다. 그렇기 때문에 어떻게든 이 부분을 해결해야만 내가 하고 싶은 일을 하면서 돈도 벌고, 생업으로 삼을 수도 있었다.

내가 이미 잘하거나 잘 할 수 있는, 특히 몸으로 하는 일을 하면서 산다면 돈도 꽤 벌며 먹고 살 수 있겠지만 이러한 인생은 정말 매력 없고 재미가 하나도 없을 것이다. 진정으로 내가 하고 싶은 일을 하는 인생을 살고 싶다면 수단과 방법을 가리지 말고 나의 말하기 능력을 키워야만 했다. 누군가 나에게 두 가지 인생 방향에서 한 가지 인생을 선택하라면 당연히 나는 하고 싶은 일을 선택하고 싶었다. 우선은 젊으니까 노력을 해 볼 만큼 해보고 그렇게 다양한 노력을 했는데도 안 된다면 그 다음은 어쩔 수 없이 현실을 따라가면 되는 것이었다.

그럼 어떻게 하면 말발을 기를 수 있을지 아이디어를 생각해봤다. 고민에 푹 빠져 있던 중 문득 예전에 텔레비전에서 봤던 것이 생각났다. 가수 DJ DOC라는 그룹이 있는데 김창렬, 이하늘, 정재용 씨로 구성된 그룹이다. 이 그룹의 이하늘 씨가 랩을 잘 하게 된 장면이 생각이 났다. 랩퍼 이하늘 씨는 길을 걸어가면서 주위의 가게나 사물들을 보고 바로 바로 랩을 읊으면서 연습했다고 한다. '지*금 나*는 길*을 걸*어*가*고 있*어! 하*염*없*이 애*타*게 즐*겁*게 길*을 걸*어*가*고 있*어! 왼*쪽*엔 미*용*실*이 있*고! 오*른*쪽*엔 정*육*점*이 있*네! 정*육*점*에*서 가*장 맛*있*고 저*렴*한 고*기*는 삼*겹*살, 요즘 삼*겹*살 가*격*은 비*싸! 그*래*도 먹*고*싶*어!' 뭐 이런 식이었다. 길 가면서까지 그렇게 랩을 연습하는데 당연히 랩 실력이 늘 수밖에 없지 않겠나?

나도 이걸 말하기에 적용시켜보기로 했다. 길을 걸어갈 때나 집에서 청소할 때, 밥할 때, 설거지할 때 등 여러 상황에서 리포터나 MC처럼 말을 해보기로 했다. 그러면 말 연습이 되지 않을까 해서다. 그 다음 날부터 어디를 다녀올 때마다, 버스에서 내려 집까지 걸어오는 동안 조금 한적한 길이 나오면 천천히 걸어가면서 말 연습을 한 번 해보았다. 그런데 아무래도 주위 사람들이 신경 쓰였다. 다른 사람들이 나만 바라보는 것 같았다. '지금 내 인생이 중요하지! 저런 사람들이 뭐가 중요해! 신경 끄자! 자식아!' 스스로 최면을 걸었다. 그래도 잘 안되었다. 실제로 하려고 하니 속된 말로 매우 쪽팔리고 민망했다. 아무도 나에게 관심이 없는데 나 혼자 사방을 몇 번씩이나 둘러보고 아무도 없다 싶으면 조금 말을 해보고, 누군가 나타나서 나를 쳐다보는 것 같으면 그냥 조용히 걸어가는 척 하고, 또 주위에 누가 없으면 말 연습을 조금 해보고 이런 식이었다. 이 정도 배짱과 이 정도 깡으로 무엇을 할 수 있다는 말인가? 그 다음 날, 또 마음을 강하게 먹고 노력해보았다. 오늘도 역시나 얼굴이 화끈거렸다.

결국 이 방법은 별로 좋지 않은 것 같아서 다른 방법을 찾아보려다가 문득 좋은 생각이 났다. 휴대폰을 귀에 대고 연습하면 다른 사람들은 내가 통화를 하는 줄로 알 것이고 그럼 나도 혹시라도 있을 남들의 이상한 시선들을 의식하지 않고 말 연습을 할 수 있을 것 같았다. 다행히도 전화기를 들고 다니는 시대여서 나에게는 조금이나마 행운 같았다. 예전 같으면 혼자 중얼중얼 거리면서 걸어가면 사람들이 미쳤다고 했을 테니 말이다. 휴대폰이 있었다. 그걸 몰랐네.

몇 번의 길거리 말하기 연습 시행착오를 겪고서 본격적으로 말 연습을 시작했다. 휴대폰을 귀에 대고 길 위를 걸어가면서 앞에 보이는 것들, 옆을 지나가는 차량의 종류, 오늘의 날씨, 그리고 다리를 지나가면서 보거나 느낀 것들을 소재로 해서 말 연습을 했다. 다리 아래를 보니까 높이가 상당해서 무섭다는 이야기, 다리 아래 흐르는 물에는 물고기가 보이는지 안 보이는지, 오리가 떠 있는지 안 떠있는지 이런 시시콜콜한 이야기까지 다 말해보았다. 그리고 날씨나 주변에 보이는 어떤 것들을 활용해서 행사 도입 부분처럼 연습해보기도 했다. 매일매일 길을 걸어가면서, 또는 집에서 청소를 하면서, TV를 보면서, 설거지를 하면서 말이다. 하지만 이렇게 많은 시간을 들여 연습을 하는데도 말하기 실력은 좀체 나아지는 게 느껴지지 않았다.

🎤 아예 말 잘하는 사람들과 같이 동거하는 거야!

또 무언가 수단과 방법을 찾아야만 했다. 어렵게 생각하지 말고 쉽게 생각해보기로 했다. 그럼 오히려 평범한 곳에 방법이 있을 것 같았다. 예를 들어서 공부를 잘 하려면 공부를 잘 하는 사람들과 자주 어울려야 된다. '그럼 나도 말을 잘 하기 위해서는 말 잘 하는 사람들과 자주 어울리면 되잖아!' 전에 스피치 학원을 다닌 기간은 한 달 밖에 안 되었지만, 그곳에서 '근재'라는 나보다 나이가 두 살 어린 친구를 만났었다. 그 친구는 어떤 집단에 서든지 무언가 잘 하는, 배울만한 사람들이 있으면 어떻게든 인맥을 만들어 놓는 재주가 있었다. 근재라는 친구가 나한테 "대중 앞에서 왜 이렇게 뻔뻔한가요? 배짱이 넘칩니다. 재미있습니다!" 등의 칭찬들을 많이 해주면서 서로 가까워졌다.

어느 날, 근재가 말하기를 자기가 레크리에이션 교육에 갔다 왔는데 거기서 정말 말 잘하고 애드리브가 좋은 사람을 알게 됐다고 나랑 같이 한 번 만나자는 것이었다. 그 친구 이름은 '경재'였다. 며칠 후, 근재와 경재, 그리고 나 이렇게 셋이 결국 만나게 되었다.

서로 이야기를 나눠보니까 목적이 비슷했다. 근재는 농구장에서 장내 아나운서를 하는 게 꿈이었고, 경재는 훌륭한 MC와 방송 리포터가 되는 게 꿈이었다. 그리고 나는 정말 재미있는 레크리에이션 강사가 되는 게 꿈이었다. 세 명 모두의 공통적인 부분은 대중 앞에서 말을 잘 해야만 하는 것이었다.

목적이 서로 비슷했고, 다들 지방에서 올라와서 서울에 머물고 있었는데 한 곳에 함께 머무르면 여러모로 좋겠다는 생각이 들었다. 한 방에서 세 명이 함께 지내면 생활은 불편하겠지만 그래도 말을 잘 하기 위한 환경으로는 좋을 것 같았다. 그래서 나는 그들에게 제의를 했다. "우리 같이 자취하자. 돈도 아끼고 모두 비슷한 목적을 가지고 있으니까 서로 알게 모르게 도움이 많이 될 거야! 어때?" 이 친구들은 갑자기 진지하게 생각하더니 말문을 열었다. 괜히 긴장되었다. 왜냐하면 아쉬운 사람은 나였으니까 말이다. 몇 초의 시간이 흐르고 이내 애들은 흔쾌히 같이 살자고 내 의견에 동의해 주었다. "그래요! 좋네요!"라고 말했고, 며칠 후 우리는 같이 살게 되었다.

그 뒤로 약 2년간 한 방에서 함께 했다. 셋 다 돈도 없어서 방 한 칸에서 같이 생활했지만, 오히려 훗날 이게 더 큰 도움이 될 줄이야. 한 방에서 같이 부닥치다 보니까 생활 패턴이 좋은 쪽으로 비슷해지게 됐다. 서로의 좋은 점들도 공유할 수 있었고, 이야기를 하다가 잠이 안 오면 우리의 꿈에 대해서 이야기를 나눌 수 있어서 좋았다. 가장 좋았던 건, 시간이 날 때마다 즉흥 스피치 연습을 했던 것이다. 나 혼자 이동하거나 청소하면서 말하기 연습을 했던 것보다 셋이 함께 틈날 때마다 즉흥 스피치를 연습했던 게 훨씬 더 효과가 좋았다. 조금씩 나의 말하기 시야가 넓어지는 것 같았다. 말하기 원리가 조금씩이나마 이해되기 시작했다.

셋이 같이 잠을 자려고 누웠는데 잠이 안 오면 자연스럽게 이야기가 시작된다. 이런저런 이야기를 나누다보면 어느새 화제는 대중 앞에 서는 방법에 대한 것이 되었다. 이러다가 서로가 탄력을 받으면 자연스럽게 즉흥으로 말하는 연습이 시작된다. 먼저 한 명씩 일어서야 한다. 그리고는 앉아있는 두 사람 중 한 명이 서 있는 사람 앞으로 화장지를 던져놓으면 서 있는 사람은 화장지에 대해서 3분 동안 말을 해야 된다. 이왕이면 내용도 주제와 잘 맞아야 되고, 재미있으면 더 좋고, 앉아있는 두 사람을 소리 날 정도로 웃기면 더 좋았다.

한 명의 말이 끝나고 나면 다른 두 명이 냉정한 소감을 이야기한다. 재미있으면 "오우~ 재미있다!", 정말 재미있으면 방바닥을 데굴데굴 구르고 쓰러졌다. 그런데 재미가 없으면 "그게 뭐야! 약해~!", "그런 멘트는 좋지 않아!" 이런 식으로 거리낌 없이 서로가 피드백을 해주고 코칭을 해주니 말이 조금씩 늘 수밖에 없었다. 연습을 잘 하면 어깨에 힘이 잔뜩 들어가기도 하고 다른 두 사람에게 비판을 받으면 나도 모르게 한숨을 쉬며 고개를 숙이기도 했다. 이런 식으로 연습을 하다보면 당초에는 12시에 모두 잠을 자려고 했었지만, 새벽 3~4시까지 즉흥 스피치 연습이 지속되는 경우가 많았다. 연습이 잦아지다보니까 나도 모르게 조금씩 말에 대한 순발력이 좋아짐을 느낄 수 있었다. 두 친구들은 모두 실제로 유머 감각이 좋았다. 웃기는 방식은 서로 달랐지만.

그리고 말에 대한 장점 말고도 인간으로서의 배울만한 장점들도 많은 친구들이었다. 경재는 가능하면 아침에 일찍 일어나고 잠자기 전에는 항상 그날 하루 있었던 일을 잘 정리했다. 하루 종일 이곳저곳 다니면서 느끼고 배웠던 것들, 이 사람 저 사람 보며 느꼈던 것들, 좋은 멘트들을 메모해 놓은 연습용 수첩을 다시 일목요연하게 정리했다. 그리고 경재는 술도 잘 안 먹는데 술자리 분위기도 잘 맞춰주고 인맥관리도 아주 잘 했다. 타인을 자기 사람으로 만들 줄 알았고, 사람들의 마음을 사로잡는 데 탁월한 능력이 있었다.

근재는 들이대기를 아주 잘 했다. 보통 사람들은 들이대는데 겁을 먹고 무서워하는데, 이 친구는 용기를 내서 먼저 두드릴 줄 알았다. 그리고 헬스를 좋아해서 몸도 탄탄하고 좋았다. 이것 말고도 여러 장점들이 있는 친구들이었다.

이런 친구들과 2년 정도를 같이 부대끼며 살다보니까 화술 능력 개발은 물론 여러 가지로 많은 도움이 되었다. 가끔은 셋이서 행사 진행을 잘 하는 MC가 있으면 그 MC의 행사를 직접 보러 가서 좋은 멘트도 메모하며 공부하고 멘트 연습도 하는 등 다양한 노력들을 함께 했다. 결과적으로 우리 셋은 잘 합친 것이었다.

하지만 불편함도 참 많았다. 셋 다 자라온 환경도 다르고 성격도 달라서 불편했던 순간들이 상당히 많이 있었다. 특히 잠잘 때 힘들었다. 한 사람이라도 전화통화를 하게 되면 자주 잠에서 깨곤 했다. 세 명이서 한 방에서 자다보니까 전화를 받으러 밖으로 나갈 때 문 열리는 소리, 문 닫히는 소리 등이 들리기 때문이었다. 이런 부분에 대해서는 스트레스를 꽤 많이 받았다.

그래도 나에게는 중요한 화술 능력을 많이 개발하는 좋은 성과도 있었고, 세월이 지나고 나서 이때를 생각해보니까 이렇게 셋이서 한 방에서 자취를 할 수 있는 때는 그때 밖에 할 수 없었던 아주 소중한 추억으로 자리 잡았다. 재미있었다. 이렇게 말발을 기르는 동안, 호프집의 이벤트 진행은 사람들에게 조금씩 더 좋은 모습으로 즐거움을 드리며 몇 개월 진행하다가 종료되었다. 그리고 나는 다시 권 선생님의 행사를 돕기도 하고, 또 내가 행사 진행을 맡기도 하였다.

🎤 영업에 도전해서 말발과 깡을 더 키워보자!

행사 진행을 가끔 하긴 하는데, 딱 생활할 정도만 수입이 들어와서 생활하기가 힘들었다. 행사를 진행할 때는 옷도 멋있게 입고 나름대로 자존감도 최고고 자신감도 좋고 멋있고 좋았었는데, 행사가 끝난 후에는 초라해지는 것 같고 괜히 가난한 마음이 들었다. 배고팠다. 어찌 보면 빛 좋은 개살구였다. 이것만으로는 생활이 충당이 안 되었다.
뭔가 다른 방법을 강구할 필요가 있었다. 그런데 고정적인 업무 일정을 가진 회사에서 일하게 되면 내가 하고자 하는 MC 일을 원하는 날짜에 할 수 없기 때문에 가끔 할 수 있는 아르바이트를 찾아보았다. 아르바이트는 다 거기서 거기였다. 돈도 별로 안 되고 시간만 많이 소비해야 했다. 짧게 일하고 돈을 조금이라도 더 주는 곳은 힘든 일을 하는 곳 밖에 없었다.
고민하던 중 자연스럽게 선택하게 된 곳이 바로 인력사무실이었다. 막노동을 해서 돈을 버는 게 효율이 좋았다. 인력사무실에서는 나를 건설현장에 자주 보냈다. 그리고 건설현장에서는 특별한 기술적인 일 말고 힘으로 할 수 있는 잡다한 막일을 했다. 이렇게 힘든 일을 할 때면 나의 현 상황과 미래에 대해서 더 솔직하고 뼈저리게 생각해볼 수 있어서 나름 이런 빡빡하고 경건한 느낌이 운치가 있었다. 일을 하면서 나도 언젠가는 말과 얽힌 사업도 하게 될 것 같은데 현재 이런 상태로는 많이 부족한 것 같다는 생각이 들었다. 무언가 깡다구 있게 말하는 힘을 더 형성하면 좋겠다는 욕심이 났다.

'영업을 해보면 도움이 많이 될 것 같은데?' 그런데 영업은 아르바이트 형태로는 별로 없었다. 영업을 하려면 아예 회사에 입사하는 쪽으로 알아봐야 했다. 처음에는 많이 힘들고 어렵겠지만, 한 1년 정도 영업을 하고 나면 나중에 사업하는데 많은 도움이 될 것 같다는 계산이 섰다. 나의 영업 능력도 한 번 테스트해볼 수 있고 깡도 훈련할 수 있고 나의 말발 향상에도 좋은 도전이 되겠다고 생각해서 일단은 추진해보기로 했다.

온라인과 오프라인에서 영업 관련 업무들을 알아보면서 우연찮게 식품영업에 대해서 눈이 가게 됐다. 문의를 해보았더니 업체 사장님이 다행히 나를 괜찮게 본 덕분에 원하는 대로 식품 업체에서 영업을 하게 됐다. 식품에도 여러 종류가 있는데, 나는 우리가 밥을 먹을 때 함께 먹는 반찬 영역을 맡게 되었다. 그때 반찬도 대량 생산이 된다는 것을 처음 알았다.

영업은 보통 대형 시장으로 많이 나갔는데 그 부근에 반찬제조공장과 도소매점들이 많이 밀집되어 있었다. 나는 이런 곳들을 대상으로 영업을 하게 되었다. 처음에는 우리 회사 제품을 소개하는 포스트를 식료품 도매점에 하나씩 하나씩 나눠주는 형태로 영업을 펼쳤다.

회사 사람들이 영업의 팁을 알려줬는데, 매일매일 똑같은 시간에 해당 업체에 방문해서 인사를 하라는 것이었다. 나는 시킨 대로 매일매일 여러 업체들을 최대한 똑같은 시각에 직접 들르면서 인사를 했다. 이게 말은 쉬운데 막상 인사를 하러 가면 업체 사장님들의 표정이 부정적으로 변했다. 왜 왔냐는 표정이었다. 그리고 조금이라도 말을 걸려고 하면, 바쁘니까 좀 나가라는 식이었다. 자존심도 많이 상하고 열이 받기도 했다. 하지만 이런 것 때문에 포기하는 순간 나는 스스로에게 지는 것밖에 안 됐다. 영업에서만 지는 게 아니라 나의 인생에서도 지게 되는 것이다. 되든 안 되든 매일매일 대면해야 했고 움직여야 했다.

지금 와서 하는 말이지만 영업을 정말 하고 싶어서 하는 사람은 이 세상에 그렇게 많지 않을 것이라는 생각이 들만큼 영업은 아주 어려운 것이었다. 하지만 이런 어려운 영업 분야에서 성과를 낸다면 나중에 분명 큰 자산이 될 것이라는 확신이 있었기 때문에 힘들어도 밀어붙여야만 한다고 생각했다. 그래서 다시 거래처가 될 만한 도소매점 사장님과 직원들에게 인사를 하고, 전단지를 나누어 주었다.

🎤 사람이 최소한의 양심을 가져야지!

이렇게 매일매일 잠재적 거래처에 인사라도 하러 다니려면 영업용 차량을 주차해야 되는데 주차할 때가 마땅치 않은 곳들이 많이 있었다. 그렇다고 꽤 비싼 주차비를 꼬박꼬박 내가며 영업을 할 만한 상황도 아니었다. 거래처 한 군데도 못 뚫은 주제에 무슨 양심으로 그렇게 할 수 있단 말인가!

가을부터 영업을 시작했는데 금방 겨울이 왔다. 밥값도 제대로 못하는 것 같아서 점심밥을 식당에서 사먹지 않고 집에서 도시락을 싸가기로 했다. 간단하게 배만 채우면 되는 거니까 밥하고 김치 정도만 도시락에 담았다. 새벽부터 빠른 걸음으로 여러 곳들을 이동하다 보니 금방 배가 고파왔다.

점심밥을 먹기 위해 차를 도로 가장자리에 세우고 식사할 채비를 갖추었다. 밥을 먹으려고 하는데 이따금씩 지나가는 사람들이 차 안을 바라보는 것 같았다. 나는 이런 시선이 의식이 되었고, 또 주기적으로 지나가는 버스 때문에 또 의식이 되었다. 운전석에서 밥 먹기가 불편했다.

일이 잘 되면서 밥을 먹는다면 누가 보더라도 저 사람 열심히 산다고 보겠지만, 일이 안 되고 있는 상황에서 내가 밥을 먹는 모습을 누가 본다면 나를 초라하거나 또는 불쌍하다고 생각할 것만 같았다. 나는 또 이런 게 싫었다. 그래서 내 영업용 트럭 뒤 냉동 칸 안으로 도시락을 가지고 들어갔다. 안에서 전등을 켜고 도시락 뚜껑을 열었다. 밥과 김치를 집에서 싸왔는데 이곳에서 먹으려고 하니 온도가 많이 차가웠다. 밥이 딱딱했다. 밥이 차면서 딱딱했다. 조금 얼어있는 것 같기도 했다. 밥 한 수저를 뜨니 밥 전체가 한 덩어리로 움직였다. "허허 이러면 안 되는데!" 그래서 밥을 반으로 절단하기에 이르렀다. 그리고는 다시 쇠 수저에 힘을 주고 밥 한 수저를 폈다. 이번에는 수저로 밥을 오려서 뜨다시피 해서 밥을 입에 넣을 수 있었다. 김치도 함께 곁들였다. 겨울이고 날씨가 춥기 때문에 가끔 몸이 흔들렸다. 그래도 마음은 좀 편안했다. 음식이 차기는 했지만 허기는 점점 줄어들었다. 이 상황이 계속되는 것은 회사에 민폐를 끼치는 것이기 때문에 노력을 더 많이 해야 되겠다는 마음을 정돈하면서 식사를 계속했다. 근데 내 눈에 습기가 차는 것은 무엇 때문일까? 냉동 기능이 좋아서 그런 걸까? 아니면…….

🎤 나 폭발하다! 길 한복판에서 싸우다

시장 부근은 항상 복잡하고 좁았다. 특히 차를 타고 시장 골목을 이동할 때는 더 좁았다. 주차비도 많이 들고 하니까 비상등을 켜놓은 채 빨리 한 번 훑고 돌아오겠다는 마음으로 움직였다. 빨리 이 시장을 돌고 차를 타고 또 다른 예비 거래처로 이동을 해야겠다고 생각했다.

하루는 각 도소매점에 가서 전단지를 돌리는데 역시 그날도 사장님과 직원들의 표정을 보니 뭐 그냥 나를 투명인간 취급하고 있었다. 반복되는 상황들에 나도 모르게 기분이 언짢아졌다. 그렇더라도 평소 하던 대로 우리 물건들이 필요한 거래처가 될 만한 곳들을 방문해서 물건들도 좀 정리 해주고, 어떻게 하면 이 거래처의 매출이 늘어날까도 고심해보았다. '나도 예전에 비해서는 업체를 대하는 시야가 조금은 넓어진 것 같다.' 잠재 거래처에서 적당한 시간동안 모습을 보이고 인사를 하면서 나왔다. 그들이 내 인사를 받든 안 받든.

이때 휴대폰이 울렸다. 번호를 보니 모르는 번호였다. "어, 뭐지?" 얼른 전화를 받았다. 갑자기 4~50대의 중년 남성의 큰 목소리가 들리는 것이었다. "빨리 차 빼세요! 어디서 감히 이곳에 차를 댑니까? 빨리 차 빼세요! 빨리 차 나가야 된다고오! 어?!" '어! 큰일났네!' 나는 부랴부랴 반사적으로 그곳을 향해 뛰어갔다. 금세 도착했고, 바로 고개를 숙이면서 말했다. "죄송합니다! 죄송합니다!" 아저씨는 화가 많이 났는지 나에게 삿대질을 하면서 "아, 차를 뭣 같이 받쳐놓고 가고 있어 이런 **"라고 욕설을 내뱉었다. '에엥?' 나는 순간 내 귀를 의심했다.

아무리 그래도 이건 좀 아니었다. '혹시 내가 노비인가? 그건 아닌데~! 어떻게 저렇게 심한 말을 하는 거지?' 나는 다시 한 번 고개를 숙였다. "죄송합니다!" 아저씨 왈, "야! 누가 여기에다 차를 대라고 했어?" "네에?" 나도 모르게 슬슬 어조가 세졌다. 그리고 순간 폭발하고 말았다. "아니 지금 차를 빼면 될 거고 죄송하다고 거듭 말씀드렸는데 너무 말씀이 심한 것 아닙니까? 내가 당신 노예입니까? 내가 거지입니까? 왜 나한테 씨라는 말을 하고 함부로 합니까? 당신이 뭔데 이럽니까?" 나도 모르게 눈에 불을 켜고 죽기 살기로 큰 목소리로 이야기를 했다. 그리고 나의 몸은 부들부들 흔들렸다. 아저씨 왈, "……." 아저씨는 말이 없었다. 내가 아주 강하게 나가니까 결국 아저씨는 별 말을 하지 않은 채 뭐라 중얼거리면서 그냥 차에 타고는 급하게 어디론가 가버렸다. 죽기 살기로 말을 했더니 그렇게 큰 소리 치던 사람들의 태도가 바로 바뀌는 것이었다.

이 상황을 계기로 영업에 대한 내 생각도 조금 바뀌게 되었다. 앞으로 영업을 할 때도 항상 저자세로만 나가지는 않을 것이라고 마음먹게 됐다. 되면 되고 말면 마는 것이었다. 항상 저자세로만 나가지 말고 대신에 우리 물건의 장점을 적극적으로 어필하기로 했다.

이때부터 나는 더욱 더 자신감을 갖고 아직 거래가 성사되지 않은 각 도소매점을 더 열심히 다니며 물건을 자랑했다. 그런 마음으로 며칠을 영업했더니 우리 물건을 하나 달라는 것이었다. 나를 냉대했던 업체에서 물건을 하나씩 쓰기 시작했고, 처음에는 물건을 하나만 거래했지만 갖다달라는 물건들이 하나하나 늘어나면서 곧 거래처가 되었다. 영업을 시작한 지 대략 3개월 동안은 아무 반응이 없다가 이제는 거래가 이틀에 한 번꼴로 성사되는 것이었다. 아니 이런 날도 오다니 좀 신기했다.

그동안 영업을 하면서 어렵고 힘든 부분들이 많았지만 그런 만큼 나도 얻은 것들이 있었다. 영업을 하면서 여러 복잡한 대우, 처사, 감정을 많이 느끼고 이걸 어떻게든 이겨내려고 하다 보니 사람들을 대하는 깡이 많이 생겼다. 처음에는 기가 너무 많이 죽어서 거래처에 가서 숨도 제대로 못 쉬고 말 한 마디도 잘 못했지만, 이제는 웬만하면 기 싸움에서 지지 않게 되었다. 사람들 대할 때 웬만한 변수 상황들이 생기더라도 당황하지 않고 풀어가려고 했고 밀고 나가는 힘이 생겼다. 나의 내면의 헐크가 조금씩 커지는 것 같아서 좋았다.

식품 회사에서 약 1년 정도 일을 하면서 영업이라는 업무에 대해서 조금이나마 원리를 파악하는 계기가 되었고 스스로가 조금은 성숙해진 것 같아 보람을 느꼈다. 자신감도 많이 형성되었다. 원래 나는 영업 자체가 목적이 아니었고 말발을 더욱 더 향상시키고자 계획했던 하나의 과정이어서 이 정도로만 일을 하기로 했다. 이 일을 더 할까 고민하다가 원래 내가 하고 싶은 MC 일을 더 잘하기 위해서 이곳을 박차고 나왔다.

그동안 영업을 하며 짓눌렸던 것들, 처음 몇 개월간은 내가 이 일을 왜 시작했는지, 왜 하는지 조차 잊고 일상을 보내야했던 힘들었던 순간들을 매일 되새기며 이제는 인생을 내 마음대로 도전하면서 살기로 했다. 한 번뿐인 인생, 어쩌면 공으로 사는 인생일수도 있는데 얌전하게 살 필요가 없구나! 거침없이 즐기면서 살아보자! 그리고 무조건 도전하자! KBS 개그맨 시험도 보고 성우 시험도 보고 아나운서 시험도 봐보자! 잠깐, 아나운서는 취소다. 그건 나하고 안 맞는다. 생긴 거하고 별로(?) 안 맞다. 아무튼 노래자랑도 나가보고 방청객으로도 나가보기도 하고 그리고 사업도 해보고 무조건 도전! 또 도전하면서 짜릿하고 즐겁게 한 번 살아보자!

🎤 거침없이 살자!

　식품 회사를 과감히 퇴사하고는 무조건의 도전을 시작했다. 빨리 성공하고 나를 발전시킬 수 있는 가장 좋은 방법은 무슨 일을 열심히 하는 것도 중요하지만 나의 한계를 뛰어넘는 강도 높은 도전을 해보는 것이다. 이 방법이 나의 발전에 더 도움이 많이 될 것으로 생각하고 도전을 하기로 마음먹었다.
　예전에 어디서 들었던 어떤 중년 여성의 이야기다. 남편의 사업이 잘 안 되어서 부도가 난 다음에 친정 오빠에게 전화를 해보니 전화를 잘 안 받았다고 한다. 지인들에게 연락을 해도 마찬가지였다. 가뜩이나 부도가 나서 돈도 한 푼 없고 사람들도 외면하다시피 하니까 오기가 생기더라는 것이다. 그래서 이때부터 무조건 도전을 했다고 들었다. 도전 또 도전! 하루에도 작은 도전들을 연이어했다고 한다. 그렇게 하다보니까 서서히 일도 잘 되고 일이 너무 잘 되다보니까 나중에는 밥 먹을 시간도 없어서 서서 식사를 했다고 한다. 전화도 잘 안 받던 친정 오빠에게 고급 승용차를 한 대 선물하고 나니까 그때부터는 거의 하루에 한 번씩 여동생의 안부를 묻곤 했다는 것이다. 일이 얼마나 잘 되고 얼마나 잘 하면 화장품 회사 부회장으로 승진도 하고 연봉도 12억인가 된다는 이야기였다. 엘리베이터를 이용하는 다른 사람들이 있더라도 운전기사가 엘리베이터 문을 아예 잡고 기다리고 있을 정도였다고 한다. 그 운전기사는 부회장이 가끔 용돈도 주고 너무 잘 해준다고 하더라.
　지인에게 이 이야기를 들으면서 느낀 것은 나의 발전을 위해서는 역시 도전이 최고라는 생각이었다. 영업을 하면서 조금씩 작은 도전들을 해왔지만 이 화장품 회사 부회장의 이야기에 힘을 더 얻고 이제부터는 하루에 한 가지씩은 어떤 도전이라도 해봐야겠다는 마음을 먹었다. 항상 어려운 도전을 매일매일 하기는 버거울 수 있고 시도조차 못하거나 아예 실패하면 오히려 자괴감에 빠질 수도 있으니까, 작은 도전이라도 매일매일 연속적으로 해봐야겠다는 목표를 세웠다. 이왕이면 말에 관련된 도전을 하면 더 좋겠다는 생각으로 나름의 기준을 정했다. 어쨌든 도전이라는 것은 내가 느낄 때 조금이라도 어려워야 했다.

나는 어려서부터 말더듬 증상으로 인하여 대인기피와 대인 공포가 있어서 누구를 만났을 때 상대방의 두 눈을 바라보면서 말을 하기가 매우 어려웠다. 그래서 눈을 못 마주치고 이야기를 하는 경우가 많았다. 식품회사에서 영업을 하면서 이걸 깨기 위한 노력들과 도전들을 했었다. 이런 도전은 식품영업을 하기 전부터 이미 진행하고 있었지만 더 본격적으로 진행하기로 했다.

🎤 본격적으로 도전 노트를 작성하다

첫 날!

나는 말을 더듬었던 초등학생 때부터 대인기피와 대인 공포가 시작되었다. 특히나 여자는 아예 마주 볼 수가 없었고, 휴대폰 문자를 먼저 보낸다거나 전화를 걸어서 통화를 해본다는 것 자체도 엄두를 못 내고 항상 겁을 냈다. 남들은 쉽게 하는데 말이다. 어느 하루는 내가 관심 있는 여성 분에게 문자를 한 번 보내보자는 도전을 해보기로 했다. '오늘의 도전: 관심 있는 여성 분에게 안부 문자 보내기' 다른 사람들 같으면 "무슨 문자 발송이 도전이야?" 라고 코웃음 칠 수도 있겠지만 나에게는 어려운 도전이었다. 마음을 강하게 먹고 자기암시를 수십 번 했다. 혼자 미친 듯이 중얼거렸다. '내가 죄짓는 것도 아니고, 그냥 안부 인사하듯이 짧게 보내자. 이건 죄 짓는 행동이 아니다. 그냥 보내자. 안부 인사해서 싫어하는 사람들은 없다. 그냥 보내자!' 이렇게 반복해서 소리를 내며 주문을 걸고 휴대폰을 만졌더니, 조금 더 쉽게 실행으로 옮겨졌다. 문자 발신 버튼을 눌렀고 답장까지 오는 것이었다. 이 날, 도전 성공이었다.

둘째 날!

다음 날의 도전은 한 단계 더 어려운 도전이었다. 아예 여성 분에게 전화통화를 한 번 시도해보는 것이었다. 그것도 내가 호감을 가지고 있는 여성 분에게. 인연이 끊기든지 말든지 그건 나에게 일단 별로 중요한 문제가 아니었다. 나는 자신감 있는 말발을 최대한 길러야만 했다. 그래서 도전을 하고 싶었다.

어제의 도전 노트에 도전을 성공리에 기록했기 때문에 오늘의 도전도 꼭 성공을 해서 도전노트에 굵은 성공이라는 글자를 새겨보고 싶었다. 그리고 이 진취적인 흐름을 이어가고 싶었다. 한편으로는 어제의 그 흐름을 이어가지 못한다면 스스로 깊은 한 숨과 함께 실망할 것이고, 혹시 모를 쓰디쓴 상처를 받지 않을까 불안하기도 했다. 그랬기 때문에 이 날도 마음을 다 잡고 도전을 시도했다.

그런데 전화를 걸기가 겁났다. 전화해서 뭐라고 말해야 하는지, 또 자연스럽게 말을 해야 되는데 혹시라도 목소리가 떨린다면 어떻게 이 상황을 모면해야 할지, 상대방이 나에게 화를 낸다면 어떻게 대처해야 하는지 등 알 수 없는 공포가 밀려왔다. 특히나 내가 좋아하는 여성 분에게 전화하는 것이었기 때문에 심적으로 복잡한 마음과 생각들이 숨 쉴 때마다 달라졌고 마음이 혼잡했다.

'그냥 하지 말까?' 괜히 그 여성 분에게 전화를 했다가 잘못 꼬이면 이상한 사람 취급을 받는 건 아닌지 하는 생각이 또 들었다. 하여간 겁도 더럽게 많았다. 그냥 적당한 친구에게 전화를 할까? 그런데 그건 진정한 도전이 아니었다. 내 기준에서 어려운 것을 해야 도전 노트에 '성공'이라고 기입할 수 있었다. 보통 사람들은 이 전화통화 한 번 하는 걸 나 같이 어려워하지는 않지 않나? 이렇게 수십 번의 결과를 예상해보았고, 혼자 이런저런 생각과 걱정을 너무 많이 하다보니까 눈이 충혈되고 마음이 아주 답답해졌다.

이렇게 시간이 조금씩, 조금씩 더 지나니까 혹시나 누구한테 전화라도 와서 굳게 먹었던 마음이 흐트러지면 안 되겠다는 생각이 들었다. 또 어떤 변수가 생겨서 흐름을 놓치면 시도조차 못해볼 것 같은 불안한 추측이 떠올랐다. 이제 더 이상 지치기도 싫었고 도전 노트도 이어가고 싶은 마음이 더 컸기 때문에 '에라! 모르겠다!'는 마음으로 통화 버튼을 눌렀다. 통화 연결음이 어찌나 건조하고 퉁명하던지. "띠리리리릭, 띠리리리릭, 덜컥!"

"네, 여보세요?"
"음, 네에, 여어보세요?"
"아, 상현 씨 안녕하세요? 무슨 일이세요?"
"네~! 안부 전화 드렸어요."
"상현씨도 몸 잘 챙기시고요."
"네~~ 수고하세요."

전화를 안 받을 줄 알았는데 통화 신호음이 울린 뒤 두 번 만에 바로 전화를 받는 것이었다. 그런데 그분의 어투는 좀 사무적이었다. 뭐 전화 상담원도 아니고 말이야. 어쨌든 진짜 어렵게, 어렵게 도전을 성공했다. 전화 한 통 거는 데 두세 시간이나 죽을 듯 고민하고 걱정하고 생고생하면서 말이다. 나에게는 숨 막히는 도전이었다.

　내일의 도전이 조금 고민이 되긴 했다. 그런데 내일 고민은 내일 고민이고 오늘은 그래도 어려웠지만 도전에 성공했으니 오늘 하루는 당당하게 살아도 된다고 마음을 추스르고 세상을 다 얻은 것 같은 자신감으로 밖으로 나갔다.

다음날!
　오늘의 도전은 예전에 어떤 선배에게 크게 자존심이 상처날만한 이야기를 들었던 부분을 전화해서 따져보는 것이었다. 그때 나에게 왜 그런 말을 했고, 나를 왜 그렇게 대했는지 알아보고 시시비비를 한 번 가려보자!
　전화를 걸었다. 간단한 인사를 하고 예전의 일에 대해서 물어봤다. 그때 왜 그랬냐고 물어봤다. 그랬더니 지금 내가 무슨 말을 하는 건지 잘 모르겠다고 했다. 시시비비를 좀 가려보려고 했는데 선배가 그때 일에 대해서 아예 기억 자체를 못했다. 그리고 뭘 그런 걸 가지고 물어보냐는 식이었다.
　맞는 말이기도 했다. 어쨌든 나는 그때 기분이 나빴다고 이야기를 했다. 이렇게 예전 일에 대해서 많은 말을 하니까 선배는 만약에 본인이 혹시라도 내 자존심을 상하게 했던 일이 있었더라도 악의를 가지고 그러지는 않았을 것이라고 이야기를 하는 것이었다.
　나는 한 순간에 마음이 녹았고 오히려 이런 지난 사소한 일을 가지고 따지는 스스로가 좀 멋쩍었다. 선배도 참 어이가 없었을 것이다. 아마 나를 소심하게 봤을 것이다. 나를 '좀팽이'라고 생각했을 것이다. 나도 민망하기도 했지만 그러든지 어쩌든지 어쨌든 나는 도전 성공!

또 다음날!
　또 그 다음날이 되었다. 오늘은 버스 기사님께 "감사합니다!" 인사하는 소리를 버스 뒷좌석에 앉아있는 사람들에게까지 들리게끔 내보겠다는 도전을 해보기로 마음먹었다. 작은 도전들이었지만 하루하루 연속적으로 도전에 성공하다보니까 주체하지 못할 힘이 생기는 것 같았다.

"감사합니다!"라고 큰 목소리를 냈는데 혹시라도 목소리가 떨리게 나온다면, 그래서 내가 얼굴이 붉어진다면 그 다음 정거장에서 그냥 내리면 되는 것이었다. 이렇게 생각하니까 심적 부담감이 줄어들었다. 나는 버스정류장에 가서 버스를 기다렸고, 때마침 버스가 왔다. 버스로 오르기 전에 헛기침을 한 번 하면서 도전의 태도를 잡았다. 그리고 고개를 숙이면서 "감사합니다!"라고 버스 기사님께 인사했다.

기사님은 내게 미소로 응답해주었고 다른 승객들도 나를 째려보거나 비웃지는 않았다. 나는 기사님의 미소에 자신감을 좀 얻었지만 승객들과 버스 기사님이 나만 바라보는 것 같아서 세 정거장 정도 지난 다음에 버스에서 내렸다. 타자마자 바로 다음 정거장에서 내리면 또 이상할거라고 계산해서다. 나만 이렇게 생각할 수도 있지만 말이다. 그래서 세 정거장 정도 지나서 내렸다. 역시 이 날도 도전 성공! 이날 하루도 내 것이었다.

조금 더 강도 높은 도전을 해보고 싶었다. 그동안 레크리에이션 사회 일을 어떤 식으로 공급받았냐 하면, 권 선생님이 주로 주셨고 다른 레크리에이션 사장님이 남는 행사 등을 주면 진행하는 극히 수동적이고 기초적인 루트에 의존했다. 다시 말하면 누군가가 나에게 행사를 줄 때까지 입을 벌리고 기다리는 형태였다.

이런 수동적인 시스템을 바꿀 때도 되었다. 누가 레크리에이션 행사를 나에게 줄때까지 기다리지 말고 내가 한 번 스스로 만들어보는 도전을 해보기로 했다. 웨딩홀에서는 송년회도 많이 하고 결혼식 사회, 돌잔치, 고희연 등의 행사도 많이 하니까 웨딩홀에 전화를 걸어서 결혼식이나 돌잔치 사회를 열심히 진행하겠다고 이야기해서 영업을 한 번 해보는 것도 좋았다.

그때 나는 서울 금천구 독산동에 살고 있었는데 인터넷으로 검색해보니까 주위에 웨딩홀이 많이 있었다. 인터넷으로 몇 번 찾아보고 정리를 해보았더니 잠깐 정리했는데도 업체가 50군데 가까이 되었다. 웨딩홀에 일일이 전화를 걸어서 결혼식 사회나 웨딩홀에서 필요한 행사 진행이 있다면 내가 무료로 진행을 해드리겠다고 이야기했다. 또는 아주 저렴하게 해드리겠다고 말했다. 그렇게 첫 통화를 하게 되었다. 긴장을 많이 했고, 통화가 이루어진 다음에 불안불안하게 말을 했다.

첫 통화를 한 업체는 연필로 빗금을 그었다. 처음에 전화를 걸어서 말할 때는 아주 힘이 들었고 마음도 부담됐고 긴장이 꽤 많이 되어서 어려웠지만, 약 다섯 군데 업체에 전화를 걸어서 말을 하다보니까 나도 모르게 긴장이라는 감정은 무디어지게 되었다. 그렇게 전화를 했더니 약 40분간의 시간 동안 약 50여 곳에 전화를 완료하게 되었다. 정리를 해보니까 약 5군데에서는 긍정적인 답변을 주었다. 이 날도 도전 성공!

이렇게 내가 생각할 때 어렵다고 느껴지는 기준으로 도전을 정하고 하루에 한 가지씩은 꾸준히 도전하려고 노력했다. 그러다가 조금 더 다양한 방향으로도 도전을 시도해보기로 했다. 어떤 도전이 있을까 생각하다가 문득 라디오 방송이 떠올랐다. '아~! 라디오 방송에 내 목소리가 나오게 해보자. 실제로 내 목소리가 방송에 나오면 아주 신기하겠다. 어렵지만 한 번 도전을 해보자!'

그 다음날부터 라디오 방송에서 나오는 퀴즈 정답을 맞춰보려고 애를 썼다. 도전 성공 여부는 DJ가 전화만 받으면 되는 것이었다. 라디오에서 나온 문제를 맞히기 위해 DJ와 이야기하는 과정에서 자연스럽게 내 목소리가 전파를 탈 수 있기 때문이다. DJ가 알려주는 전화번호로 전화는 많이 걸어봤는데, 전화를 걸때마다 계속 통화중이었다. 노력은 많이 했지만 전화통화가

3장 못하지만 내가 하고 싶은 일을 하며 살고 싶다 125

안 되어서 이날 하루 동안은 성공하지 못했다. 전화통화가 되어야 도전을 성공할 수가 있는데, 이 도전은 언제쯤 성공할 수 있을지 알 수가 없었다. 기간이 조금 걸릴 듯 했다.

다음날도 라디오 방송을 일부러 들으면서 퀴즈 코너가 다가오기만 기다렸다. 그리고 무작정 전화를 걸었다. 또 통화는 이루어지지 않았다. 매일 전화해보면 통화중이었다. 하루가 지나도 통화중, 이틀이 지나도 통화중, 그래도 며칠째 계속 전화를 시도해보았다. 이제 이 도전에 대해서 묵시적으로 중단하려는 마음이 서서히 들기 시작했지만 한 번만 더 통화를 해보기로 했다. 역시나 또 통화중일 것이 뻔했다.

전화를 걸었다. 어, 근데 통화중인 기계음이 들리지 않고 연결되었다. 전화를 받는 것이었다. 남성 분이 전화를 받아서 정답이 무엇인지 나한테 물어보고 내가 대답을 하니까, 바로 여성 DJ가 전화를 받아서 나에게 정답이 뭐냐고 물었다. 나는 내가 생각하는 답변을 이야기했다. 그랬더니 그 DJ가 말하는 것이었다. "아닙니다! 틀렸습니다. 하하" 그리고 통화는 종료되었다. 생각을 해보니까 그 남자 분은 라디오 방송 프로그램 PD였고 여성 분은 DJ였다.

내가 답변을 하는 동안 우리 집 라디오에서도 내 목소리가 나왔다. 내가 전화하는 소리와 라디오 소리가 약간 겹쳐서 라디오에서 나오는 내 소리를 생생하게는 못 느꼈지만 그래도 라디오에서 내 소리가 나오는 것을 느낄 수 있었다. "방송에 나의 음성이 나오다니! 와우! 신기한데?" 며칠 동안 도전 노트가 성공 없는 흐름으로 머물러 있었는데 이런 어려운 도전에 성공을 하게 됐다. 비록 내 목소리가 긴 시간 동안 방송에 나오지는 못했지만 그래도 도전 성공이었다. 이런 식으로 나의 도전은 작게나마 계속되었다.

4장
나만의 스피치 학원을 설립하다

나만의 스피치 학원을 설립하다

🎤 이번 도전은 스피치 학원이다!

　이번에는 또 어떤 도전을 해볼까 생각하던 중 레크리에이션을 더욱 더 잘 하려면 말도 더 잘 해야 되니까 그럼 아예 스피치 학원을 작게라도 한 번 차려보는 것은 어떨까 하는 생각이 들었다. 레크리에이션 강사로서도 활동하고 스피치 강의도 하면 나의 능력도 더 커지고, 능력이 커지고 좋아지는 만큼 경제적으로도 더 안정될 수 있을 것 아닌가? '그래, 그럼 이번에는 시간이 좀 걸리더라도 스피치 학원을 한 번 차려보자'는 마음을 먹었다.
　혹시라도 이 마음이 사라질까봐 우선은 '스피치 학원을 차리자!'는 문구를 다이어리와 노트에 얼른 적었다. 그런데 다이어리나 노트에 문구를 잘 적어놨다고 할지라도 덮어버리면 못 볼 수도 있고, 문구를 못 보면 목적 의식이 식거나 사라질 수도 있으니까 벽에도 확실하게 잘 보이는 위치에 적어 놨다.
　'스피치 학원 차리자'라는 문구를 계속 볼 수 있는 어떤 장치나 시스템이 있으면 더 좋을 것 같다는 생각이 들었다. 혹시 이런 시스템은 없는 것일까 생각해보았다. 이 문구를 최대한 많이 보고 자주 보면서 자극 받을 수 있는 사물이나 위치는 어디일까 생각하다가 이내 답이 쉽게 나왔다. '아하~! 휴대폰은 항상 들고 다니면서 시간도 자주 확인하고 혹시 메시지가 왔나 확인

도 하면서 자주 접하니까, 휴대폰 배경화면에 이 문구를 적어놓으면 되겠다.'
는 생각을 하게 되었다. 그래서 항상 암시하고 동기부여 받고 자극을 시킬
수 있도록 말이다.

🎤 비웃는 주위 반응

휴대폰에 배경화면 문구로 적어놓은 뒤로 나도 모르게 하루에 수십 번 정도는 이 문구를 접하게 되었고 느끼게 되었다. 지금은 스마트폰 시대여서 아예 '메모 위젯'이라는 좋은 어플리케이션도 있지만, 이때에는 배경화면 문구만 있었다. 이걸 적어놓은 뒤, 언젠가 우연히 휴대폰에 쓰여 있는 이 문구를 친구와 지인이 보고는 알 수 없는 특이한, 아니 이상한 반응을 보였다.

그때 그들의 심리를 내가 해석해본다면 그 사람들은 좀 어이가 없었을 것이다. '박상현이라는 사람은 말을 그렇게 심하게 더듬고, 일상생활에서 말도 잘 못하고 여자 앞이나 어려운 사람들 앞에서 얼굴도 터질 것 같이 붉어지는데, 그런 사람이 스피치 학원을 차린다는 게 말이 된단 말인가?'라고 생각했을 테니 말이다. 그러니까 그런 표정들이 나왔지.

물론 내가 한 해 한 해를 보낼 때마다 말발이 조금씩은 발전했는데, 그 사람들은 나를 학창시절의 나로만 알고 있었다. 내가 스피치 학원을 차려서 강의를 하겠다는 계획에 대해서 사람들은 자기 주제도 모르고 어떻게 그런 생각을 할 수 있으며, 도저히 이해할 수 없는 불가한 것이라고 인식하고 있었다. 이건 이렇다 치고 또 학원을 차리려면 돈도 많아야 되는데 돈 한 푼도 없는 사람이 그런 목표를 적어놓았으니 지인들에게서 그런 표정이 나올 수

4장 나만의 스피치 학원을 설립하다

밖에.

🎤 반복 암시의 힘

여러 사람들의 부정적인 시각이 지배적이었지만 휴대폰 배경화면 문구에 그 문구를 적어 놓은 지 1년쯤 지났을 때, 규모가 작긴 했지만 결국 스피치 교습소를 열게 되었다. 이름은 '스피치파티-자신감충전소'였다. 교습소를 열기까지의 과정을 아래부터 설명해보겠다. 초반에는 가끔 뜬금없는 시간에 전화가 오기도 했다. 아침 7시에, 밤 11시에, "거기 LPG 충전 되죠? 요즘 얼마에요?", "네? LPG 충전소 아니에요. 하하" 몇 번은 친절하고 적절하게 응대해줬지만, 가끔은 화를 머금고 이야기했던 적도 있다. "요즘 LPG 값은 잘 모르겠고요, 저희는 자신감을 충전해드립니다!", "뭐야아?", "뚝! 띠띠띠띠띠띠----"

🎤 쉽게 생각하자!

휴대폰 배경화면에 '스피치 학원 차리자'라는 문구를 적었던 때였다. 나는 이 도전을 이루기 위해서 이 도전에 대해서 생각을 쉽게 하려고 노력했고, 순서를 하나하나, 조각조각 나누었다. 가장 먼저 필요한 것은 인터넷 사이트였다. 스피치에 대해서 고민을 나누거나 무슨 강좌를 언제 시작하는지 소통

할 수 있는 커뮤니티가 필요했기 때문이다. 홈페이지는 일단 돈이 많이 들어가서 바로 만들기가 좀 힘들었고, 돈도 안 들고 쉽게 만들 수 있는 게 블로그나 인터넷 카페였다. 블로그를 만들까 인터넷 카페를 만들까 고민하다가 일단 인터넷 카페를 만들기로 결정했다.

그런데 나는 당시만 해도 컴맹이었다. 기본적으로 한글이나 워드 정도는 무난하게 했지만, 인터넷 카페를 내가 직접 만드는 것은 엄두가 안 나는 어려운 일이었다. 하지만 어쩌겠나? 잘 아는 사람들에게 계속 물어봐서라도 완성을 해야지.

예전에 대학교 1학년 때 대한항공 TOPAS 항공권 예약 발권 업무 교육을 받았었는데, 그때 50명 중에 세 명이 상을 받았다. 그 중에는 나도 있었다. 나 혼자 이 TOPAS 교육 이래 처음으로 '노력상'이라는 것을 가방이라는 상품과 함께 받았던 적이 있었다. 교육 받는 내내 나는 강사님들에게 끊임없이 질문하며 궁금한 사항을 물어봤고 그러면서 열정을 불태웠다. 아마 그때의 강사님들은 내가 겁났을지도 모른다. 나 스스로 이해가 안 되거나 모르는 게 있으면 긴장된 목소리 톤으로 어설프지만 최대한 이해가 될 때까지, 알게 될 때까지 계속 물어봤기 때문이다. 강사님들이 교육을 진행하는 동안에는 아마도 나를 부담스럽게 생각했겠지만, 교육이 끝날 때쯤엔 강사님들 자체적 회의를 통하여 나에게 '노력상'이라는 것을 주었다. 내가 생긴 거는 재미있게 생겼고 잘 놀게 생겼고 어설프게 생겼는데 계속 열심히 물어보니까 강사님들이 나를 볼 때 조금 특이했었을 것 같다.

어쨌든 과거에 이런 내 자신에게 힘이 될 만한 좋은 경험이 있었고, 이런 경험을 바탕으로 인터넷 카페를 만드는 것도 Daum 고객센터나 Naver 고객센터로 전화해서 모르는 것들을 계속 물어본다면 방향을 잡을 수 있고 만들 수 있을 것이라는 확신이 들었다. 그렇게 몇 주 동안 집중적으로 덤벼보았더니 Naver에 인터넷 카페 3개, Daum 사이트에 인터넷 카페 2개를 만들 수 있었다. 각각 스피치에 관계된 멋진 이름들로 주소명과 제목을 만들었다.

여러 사람들의 의견들을 참고해서 그 중에서 Naver '스피치파티-자신감충전소'라는 카페를 메인으로 운영하게 되었다. 스피치파티라는 이름은 대중 앞에서 덜덜 떨면서 간신히 기면서 스피치를 하는 게 아니라, 떨더라도 즐기면서 해보자! 즐기면서 스피치를 집중해서 하다보면 스피치를 보다 편안하게 할 수 있고, 그럼 결국에는 스피치를 잘 할 수 있게 될 것이라는 생각 끝에 짓게 되었다. 약 열흘 정도 계속 생각을 했더니, 짧고 간결하면서도 의미 전달이 되는 명칭인 '스피치파티'가 생각났다.

처음에는 우리 친누나, 동생, 형, 친구, 후배, 선배 등등 나의 지인들 모두에게 이 인터넷 카페에 가입하도록 부탁했다. 그래봤자 카페 회원 수는 2~30명밖에 되질 않았다. 그래서 이때에는 몇 만 명이 있는 카페를 보면 그저 신기하고 경이로울 뿐이었다.

🎤 사무실이 없는데 사업자 등록을 어떻게?

이대로는 안 되었다. 회원 수가 너무 적었다. 무언가 방법을 찾아야했다. '그래! 처음에 돈이 들어가더라도 인터넷 광고를 한 번 해보자!' 이렇게 생각하고 Naver 광고 센터에 전화를 해서 문의를 해보았다. 그런데 사업자 등록이 되어있어야만 광고를 진행할 수 있다는 것이었다.

'아, 사업자 등록증을 내야 되겠구나. 근데 사무실이 있어야 사업자를 낼 수 있는 게 아닌가?' 이때 나는 서울 구로구 고척동에서 자취를 하고 있었다. '자취방을 사무실로 사용하면 되지 않을까? 되려나? 안 되려나?' 탁상공론이었다.

아니, 스피치 학원을 차릴 사람이 구청에 가서 이것도 제대로 이야기를 못해서 설득을 못 한다면 그건 스피치 학원을 차릴 자격이 없는 것이다. 나는 스스로 이렇게 생각하고 마음을 굳게 먹은 뒤 구로세무서로 갔다. 그리고는 구로세무서 직원에게 사업자 등록을 하러 왔다고 이야기했다. 서류를 작성하라고 해서 사업장 주소기입란에 나의 자취방 주소를 적었다. 그랬더니 세무서 직원이 뭐라 뭐라 나에게 많이 물어보는 것이었다. 집에 돌아왔는데도 세무서 직원은 전화로 또 나에게 이것저것을 물었다.

나는 "방에서 하건 어디서 하건 스피치 고민이 있는 사람에게 도움만 드리면 되지 않느냐?"라고 이야기했다. 그리고 도움을 주는 방식으로는 복식호흡 발성 연습, 발음 연습, 억양법, 인용법, Kiss법칙, 메라비언의 법칙, 그리고 애드리브 연습 등 스피치에 필요한 용어들을 최대한 끌어다 사용하면서 나의 방향을 구로구청 관계자에게 열심히 설명했다. 그랬더니 구로세무서 직원은 알겠다며 전화를 끊었고, 그 후 나의 자취방 주소가 그대로 적힌 사업자등록증이 아주 깨끗하게 나왔다.

🎤 첫 번째 스피치파티 정모 추진

Naver에 광고 게재를 하고 몇 명 안 되었지만 처음으로 우리 회원들의 스피치 정모를 추진했다. 스피치에 관심 있는 지인들을 몇 명 부르고, 실제 처음으로 모임에 오는 두 명과 함께 정모를 개최했다. 현장에 대략 10명 정도가 모였다. 인원이 이 정도 되니까 그래도 화기애애한 분위기였고 모양도 좀 났다. 나는 이때 모임의 여러 상황들을 사진으로 남겼고 인터넷 카페에 다양하게 게재하였다. 다행히 처음 모였던 스피치 모임의 사진들과 후기들을 잘 활용해서 다음 모임, 그리고 그 다음 모임들을 운영할 수 있었다.

🎤 주먹으로 의사표현하다!

몇 번의 모임을 성공리에 잘 운영하고 있던 중, 한 다섯 번째 모임 때의 일이었다. 종각에 있는 모임 전문 공간에서 1인당 1시간에 대략 5000원 정도 되는 돈을 지불하고 모임을 운영하고 있었는데, 그날은 조금 더 욕심을 부려봤다. 큰 목소리가 나오는 단계별 발성 연습도 다 같이 한 번 해보고, 3분 스피치 실습 시간에는 노래를 불러도 된다고 범주를 정했다. 회원들에게 원하는 사람들은 본인의 자신감을 위해서 노래를 불러도 된다고 했다.

그랬더니 회원 중 한 사람이 노래를 불러보겠다는 것이었다. 가수 비의 '태양을 피하는 방법'이었다. 이내 노래가 시작되었다. 그런데 이 분 목소리가 엄청 컸다. 또 박자와 음정이 안 맞아서 우리 회원들은 배꼽을 잡고 웃었다.

약 1분 정도 지났을 때, 복도에서 어떤 사람이 급하게 이곳으로 오는 모습이 보였다. 모임실과 복도를 구분 짓는 벽의 투명한 유리 사이로 우리 쪽으로 빠르게 이동해오는 모습의 속도로 무슨 상황인지는 짐작이 되었다. 내가 이런 생각을 하고 있는 속도보다 그 사람의 노크 소리가 더 빠르게 들렸다.

노크 소리가 들리기 전에 내가 먼저 문을 열고 복도로 나가서 상황을 해결하려고 했는데 직원의 속도가 워낙 빨랐다. 복도에서 직원의 이야기를 들어본 즉, 다른 모임실에서 시끄럽다는 컴플레인이 들어왔다는 것이다. 가끔 옆방에서 들리는 퍽퍽 소리가 시끄럽다고 조용히 하라는 의미로 파티션을 주먹으로 때리는 소리였던 것도 그때 알게 되었다.

나는 우리 회원들이 못 보는 복도에서 직원에게 죄송하다고 이야기를 하고 모임실에 들어와서는 즐겁게 설명했다. 저 분도 이런 자신감이 필요하신 것 같다고 대충 재밌게 얼버무리고는 회원들에게 오늘만 노래를 삼가달라고 이야기를 했다. 그 뒤로 조용조용하게 3분 스피치 실습을 진행했다.

모임을 마친 뒤 아쉬움을 느꼈다. 우리 모임의 특성상 소리 연습을 많이 해야 하는데, 이런 부분이 제약을 받아서 너무나 안타까웠다. 뭔가 대책을 강구해야만 했다. 이걸 풀어야 했다. 답은 아예 우리 모임만의 공간을 얻는 것이었다.

🎤 스피치 실습실을 얻어야만 한다

그래서 나는 다음날부터 발품을 팔아 종로3가 근처의 여러 임대 사무실들을 알아보러 다니기 시작했다. 그때 가장 먼저 간 곳은 종로3가에 위치해 있는 어느 한 공인중개사무실이었다. 1, 3, 5호선 종로3가역 1번 출구로 나와서 50m 정도에 위치해 있었다. 위치가 정말 좋았다. '이런 위치에 스피치 사무실을 얻는다면 정말 좋을 텐데 말이야!' 그런데 위치가 좋은 만큼 임대료도 많이 나갈 것은 당연했다.

이런 생각을 하며 공인중개사가 5층의 본인 사무실로 나를 안내하는 대로 따라 올라갔다. 딱 들어가자마자 이곳 공인중개사무실에서 스피치 모임을 가지면 정말 좋겠다는 생각이 들었다. 크기도 적당하고 위치도 아주 좋고, 햇빛도 잘 들어오고 말이다. 그런 설레는 생각에 빠지기도 전에 공인중개사가 어떤 용도로 사용할 거냐고 물었다.

나는 스피치 수업을 할 적당한 크기의 저렴한 사무실을 원한다고 이야기를 했고, 공인중개사는 어디론가 전화를 해보더니 바로 가보자고 했다. 그리곤 직접 사무실들을 보러 다녔다. 대략 여섯 군데를 직접 보러 다녔는데, 그 중에서 한 군데가 괜찮았다. 크기도 적당하고 깔끔하고 저렴한 곳이었다. 보증금 1000만 원에 월세는 80만 원 정도 되는 곳이었다. 그 뒤 5일간 많은 심사숙고를 하고 여러 경우의 수를 따져본 뒤 그 사무실을 얻기로 결정했다. 그리고 사업자등록주소도 고척동 자취방에서 이 곳 '종로구 낙원동'으로 바꾸었다.

🎤 들어오는 회비는 적고 임대료는 비싸다

이후로는 스피치 모임을 모임 전문 공간에서 할 필요 없이 내가 얻은 스피치 사무실에서 운영했다. 위치는 낙원악기상가 옆이었다. 길 찾기는 약간 어려웠다. 그건 그렇고 스피치 모임은 처음에는 토요일만 운영하다가 차츰 차츰 요일을 늘려나갔다. 이 때 회비로는 1인당 5000원 정도를 받았다. 한 번 모이면 대략 10명 정도 모였다. 2010년 3월부터 이 사무실을 운영했는데, 첫 달에 들어온 회비는 약 30만 원 정도였다. 월세는 부가가치세와 관리비까지 포함해서 약 100만원 가까이 됐다. 70만원 정도 적자였다. 여기에 내가 이동하는 교통비, 식비, 휴대폰 비용까지 생각하면 조금 더 마이너스였다.

대책이 시급했다. 어떤 좋은 방법이 있을까? 말을 아주 잘 하는 명사를 모셔서 화술 특강을 해볼까? 그럼 스피치 사무실이 더 잘 될 수 있는 광고 효과도 기대할 수 있고, 또 회원들에게도 큰 도움이 될 수 있으니 말이다. '한 번 추진해보자! 그리고 또 나도 배우잖아!' 그럼 말 잘 하는 사람이 누가 있을까? 방송인 김제동 씨, 아나운서 손범수 씨, 아나운서 이금희 씨, 국민 MC 유재석 씨 등 말 잘 하는 사람들은 많았다. 그런데 이 사람들 중에서 누구를 초청할까 생각해보다가 여성들이 많이 신뢰하고 좋아하는 이금희 씨를 모시면 정말 좋겠다는 생각을 하게 됐다.

🎤 말 잘하는 방송인에게 도움을 요청하다

일단 KBS에 전화를 걸어보기로 했다. 이것도 중요한 나의 도전 노트 중 일부분으로 삼았다. 무작정 KBS 대표 전화번호를 눌러서 전화를 걸었다. "여보세요? KBS 아나운서 이금희 선생님과 통화를 좀 하고 싶은데 연결 좀 시켜주시겠습니까?", "어디십니까? 성함이 어떻게 되십니까?", "저는 박상현입니다.", "……네?" 전화를 받는 곳에서 잠시 깊숙한 침묵이 있었다.

"네? 무슨 일 때문에 그러십니까?", "저희 업체 스피치파티에서 진행하는 화술 특강을 이금희 선생님께서 해주셨으면 하는 생각에서 전화를 드렸습니다.", "아, 그럼 아침마당 제작진 전화번호를 알려드리겠습니다." 그리고는 아침마당 프로그램 쪽으로 전화를 한 번 해서 알아보라는 것이었다.

알려준 전화번호로 바로 다이얼을 돌렸다. "이금희 선생님하고 통화하고 싶습니다.", "어디신데요?", "박상현입니다.", "네?", "지금 전화 받으시는 분이 아침마당 제작진이십니까?", "네, 맞습니다.", "저희 업체는 스피치 교육을 하는 업체인데요. 이금희 아나운서께서 저희 업체에 한 번 오셔서 화술 특강을 해주시면 정말 좋겠다는 생각에 이렇게 전화를 드렸습니다.", "아, 그러세요? 거기 업체명이 인터넷에 나와 있나요?", "네! Naver에서 '스피치파티'라고 검색하면 나옵니다.", "그럼, 저희가 업체 정보를 좀 확인하고요, 이금희 선생님께 일단 말씀은 드려볼게요.", "네, 감사합니다." 이렇게 통화를 마쳤다.

전화통화를 했던 때는 낮이었다. 인터넷으로 이금희 아나운서의 일정을 검색해보니까 저녁에 라디오 방송도 진행하고 계셨다. 종료 시각이 8시로 되어있었다. 혹시라도 이금희 전 아나운서에게 전화가 온다면 방송을 마친 뒤인 저녁 8시 10분이나 20분쯤 오겠다는 생각이 들었다. 그나저나 스피치 파티라는 카페는 이제 회원 수가 100명 정도 밖에 안 되는데…… 조금 자신은 없었다. 하지만 계속 들이대야 뭔가 나올 것 아닌가?

나는 언제 이금희 선생님에게 전화가 올지 몰라서 집에서 긴장한 채로 죽 대기하고 있었다. 그동안 잠이라도 좀 자려고 했는데, 괜히 긴장되어서 잠도 안 왔다. 이렇게 대기하고 있는 동안에 혹시라도 이금희 선생님으로부터 전화가 오면 그때 할 말들을 정리나 해놓자는 생각을 했다.

이금희 아나운서가 왜 우리 업체에 와서 화술 특강을 해주어야 하는지 꼭 필요한 이유 다섯 가지를 생각해봤다. 첫째, 요즘 한창 물오른 미모에서 비롯되는 따뜻한 이미지. 둘째, 생방송에서도 떨지 않고 말을 잘 하는 기술. 셋째, 어쩌고 저쩌고……. 이렇게 정리를 했다.

시간이 저녁 8시에 가까워질수록 긴장이 되었다. 현재 시각은 저녁 7시 56분! 만약에 전화가 온다면 8시 방송을 마친 뒤인 8시 10분에서 30분 사이에 올 것 같았다. 그렇게 기다리고 있는데, 이게 웬 일! 7시 56분 58초에 전화가 오는 것이었다. 일반 전화번호였다. 직감적으로 KBS 전화인 것 같았다. 만약에 KBS라면 이금희 아나운서일 것이다.

전화를 받았다. 이금희 선생님의 음성이 맞았다. 역시 명품 아나운서 출신답게 차분한 어조로 이야기를 했다. "박상현 씨! 아까 간단하게 이야기 들었어요. 무슨 영문인지 조금만 더 말씀해주시겠어요?", "아~ 네! 선생님. 영광입니다. 저희는 스피치를 잘 하고자 모인 단체인데요. 이금희 선생님께서 화술 특강을 해주시면 저희에게 정말 큰 도움이 될 것 같아서요. 이금희 선생님께서 꼭 저희들에게 오셔야 하는 이유 다섯 가지를 말씀드릴게요.", "하하", "첫째, 요즘 한창 물오른 미모에서 비롯되는 따뜻한 진행과 이미지. 둘째, 생방송에서도 떨지 않고 말을 잘 하는 기술. 셋째… 넷째… 다섯째……. 그러니 꼭 와주시면 좋겠습니다.", "하하하, 감사합니다. 그런데 저도 생방송에서 떨어요. 저희는 대본을 작가가 써주면 그것을 토대로 비슷하게 이야기를 하는 것이어서 저는 그쪽 전문가는 아니에요. 제 후배 중에 스피치 커뮤니케이션 전문가 김은성 아나운서가 있어요. 그분에게 이야기를 해보세요. 그리고 제가 생각할 때 말을 정말 잘하는 사람은 최근에 본 분 중에 김제동 씨가 잘 하시더라고요. 이분은 무선 마이크 하나만 손에 쥐면 두세 시간을 사람들을 웃겼다가 울렸다가…… 대단하더라고요. 저는 스피치 전문가가 아니에요. 물론 제가 영부인 발음 지도를 해드린 적은 있지만요…….", "알겠습니다. 말씀 감사하고요. 선생님께서 이렇게 시간 내서서 이야기해주신 것만으로도 저에게는 큰 힘이 되었고 좋은 시각을 알게 되어서 기쁩니다. 감사합니다. 그럼 건강하시고요, 좋은 방송 계속 해주세요! 감사합니다.", "네, 수고하세요."

결국 이금희 아나운서를 화술 특강 명사로 모시지는 못했다. 하지만 나의 도전 노트에는 또 '성공'이라고 쓸 수 있었다. 이런 식으로 다양하게 노력한다면 스피치파티를 발전시킬 수 있으리라는 자신감이 생겼다. 그리고 훗날 이 스토리는 내가 강의할 때 자주 드는 사례가 되었다.

🎙 원형탈모

나름 열심히 했지만 스피치파티 모임 회비만으로는 사무실 임대료를 내기가 버거웠다. 이렇게 비슷하게 5~6개월을 지내다 보니까 심리적으로 부담이 많이 되었고 힘들었다. 나는 나이에 비해서 새치가 많은 편인데 신경을 많이 써서 그런지 요즘 들어 새치가 더 많아진 것 같았다. 이때는 2010년으로 내 나이는 32세였다. 이렇게 젊은데도 한 달에 한 번씩은 흰머리를 검은 머리로 염색을 해야만 했다. 아직 장가도 못 갔는데 흰머리가 너무 많으면 좀 그렇지 않은가?

심리적 부담은 부담이고, 나는 고척동 동네 이발소로 머리를 염색하러 갔다. 이발소에 가서 의자에 앉아 조금 있으니 이발소 사장님이 깜짝 놀라면서 하는 말씀이 내 뒷머리가 상당 부분 없다는 것이었다. 원형탈모가 많이 이루어진 것이었다. 이발소 사장님이 벽에 있는 대형 거울과 또 내 뒷머리 쪽에 거울 하나를 대서 상황을 보여주었다. 뒷머리가 지름 7cm 정도 크기로 동그랗게 비어 있었다. 머리카락이 아예 없는 것이었다. 살만 있었다. 좀 징그러웠다. 스피치 사무실을 운영하면서 생각보다 스트레스를 아주 많이 받고 있었던 것이었다.

원형탈모 자체도 좀 신경 쓰였지만 그것보다도 신경 쓰이는 것이 있었다. 바로 이동 문제였다. 나는 그동안 고척동 자취집에서 종로3가 사무실까지 버스를 타고 다녔는데, 이제는 어떻게 다녀야 할까 걱정이 되었다. 이미 사무실을 얻으려고 가지고 있던 차까지 판 상태였다. 나는 괜찮은데 사람들이 혹시 내 뒷머리를 보면 혐오감을 가질 수 있었기 때문에 이 부분이 걱정되었다.

어떻게 해야 하나 생각하다가 버스 맨 뒷좌석에 앉아 가면 괜찮을 것 같았다. 그래서 이때부터 버스를 탈 때는 항상 뒷좌석에만 타려는 습관이 생겼다. 이발소에서는 빨리 병원에 가서 치료하라고 했다. 하지만 갈 시간도 아까웠고, 내가 불의의 사고로 머리 뒷쪽에 물리적 충격을 받아 머리카락이 빠진 게 아니고 아마도 스트레스가 요인이어서 그렇게 된 것이니까 사업이 잘 되면 자연스럽게 머리카락은 자라날 것이라는 생각이 들었다.

군대에서 들인 좋은 습관 중 하나가 사고의 변화였다. 군에 입대하기 전에는 부정적인 사고를 많이 했는데 군대에 갔다온 뒤로는 무엇이든 긍정적으로 생각하려는 비율이 커진 것 같았다. 뒷머리가 좀 빠져서 그렇더라도 사지멀쩡하게 건강하게 살아있다는 자체만으로도 정말 감사한 일이고 재미있는 것 아니겠는가? 앞으로 뒷머리도 원상복구하려면 사업이 최소한 적자로 운영되지 않게 해야 했다. 지금 스피치 모임 신청자를 대상으로 회비를 5000원 씩 받는 시스템으로는 한계가 있었다. 회원들에게 더 제대로 된 도움을 주는 강의를 하고 정상적으로 강의료를 받아서 운영하는 게 더 바람직했다.

🎤 회비 말고 강의료를 받다

보통 스피치 사무실에 오는 사람들 중에는 아직 대중 앞에 나서는 자신감이 부족하고, 대중 앞에서 말할 때 떨려서 오는 경우들이 많았다. 물론 말을 더욱 더 잘 하기 위해서, 또는 유머 감각을 더 형성시키고자 오는 사람들도 많았다. 이 밖에도 다양한 이유에서 스피치 사무실을 찾았다.

나는 이곳을 찾는 사람들의 여러 목적과 고민들 중, 대중 앞에서 말할 때

심장이 떨리는 부분을 개선하는 데 집중적으로 도움을 줄 수 있도록 강좌를 연구하고 만들기 시작했다. 이 부분에 대해서도 본질이 무엇인지 너무 복잡하고 어렵게 생각하지 않고 쉽게 생각하려고 했다. 대중 앞에서의 떨림 때문에 고민하는 사람들에게 내가 수단과 방법을 가리지 않고 도움만 주면 되는 거 아니겠는가?

여러 고민과 연구와 실험을 통해서 강좌를 완성했다. 강좌명은 '발표불안 클리닉'이었다. 그리고 스피치파티 카페에 어떻게 공지사항을 적을까 생각하다가 사람들이 나를 신뢰할 수 있도록, 지하철에서 스피치를 자신감 있게 연습하는 모습을 디지털카메라로 촬영해서 동영상을 올리기로 했다.

회원 박준영 씨와 함께 지하철로 갔다. 설날이 며칠 남지 않은 상황이었다. 종로3가 지하철역으로 가면서 보통 스피치 말고 보다 더 어려운 것을 하는 게 좋겠다고 생각했다. 그래야 회원들에게 보일 때 더 인상적이고 신뢰도 더 줄 수 있으니 말이다. 조금 더 어려운 것으로 무얼 할까 계속 고민하면서 이동했다. 그러다가 생각이 났다. 그래, 아예 새해 복 많이 받으시라는 큰 절을 해보기로 마음먹었다. 그리고 진행을 했다. 지하철을 타자마자 바로 마음먹고 새해 복 많이 받으시라고 큰 절을 했다.

집으로 돌아와서 스피치파티 카페에 '발표불안클리닉 1기 수강생 모집'이라는 제목과 커리큘럼, 그리고 아까 전 디지털카메라로 촬영했던 지하철 새해 스피치 영상과 여러 내용들을 게재했다. 일요일 오전, 주 1회, 2시간씩 4주 과정, 수강료 10만원으로 공지를 올렸다. 과연 누가 등록을 할까 생각했는데 처음 운영되는 이 강의에 5명이 등록을 했다. 그리고 그 다음 2기 때는 거의 10명 정도가 등록을 했다. 이 강좌는 인기가 많았다. 수요가 많아지다 보니 나중에는 새벽 발표불안클리닉 수업도 운영하게 되었다.

🎤 전국 방송에 내 얼굴 내보내기 도전!

도전 노트는 앞에서도 언급했듯이 나를 발전시키는 데 좋은 도움이 되고 있었고, 그렇기에 좀 쉬운 거라도 계속 하려고 노력했다. 매일매일 꾸준히 성공하면 정말 좋겠지만 항상 성공만 하는 게 아니어서, 실행이 안 될 때에는 간헐적으로라도 성공을 끌어내기 위해 애썼다.

이때쯤의 도전 노트 항목에는 이런 것들이 있었다. 먼저 지하철 새해 스피치 영상을 유튜브에 올리는 도전이었다. 나는 컴퓨터를 잘 하는 편이 아니어서 이것도 도전에 해당되었다. 여러 시도 끝에 스피치 영상을 유튜브에 올리는 데 성공했다.

그 다음 도전은 전국 방송에 나의 얼굴을 한 번 나오게 하는 것이었다. 단 몇 초도 좋다. 이것도 마음먹고 열심히 시도를 했더니 실제로 〈KBS 희희낙락〉이라는 프로그램 녹화에 참여하게 되어 개인기도 선보였다. 전국 방송에 내가 나온 것이다. 하지만 내가 개인기를 했던 것은 모두 편집됐고, 딱 4초! 웃는 모습만 전파를 탔다. 많이 민망했지만 그래도 전국 방송에 3~4초라도 내 얼굴이 나오게 했으니 도전은 성공이었다. 3~4초 나왔지만 지인들에게 꽤나 연락이 많이 왔었다. 그 짧은 시간이었는데 방송이 나가자마자 10명 이상의 사람들에게서 연락이 온 것이었다. 방송의 거대한 영향력에 놀랐다.

🎤 전국노래자랑 무대에 도전 성공 or 실패?

그 다음에도 자질구레한 도전들을 계속했다. 기억나는 도전 내용은 송해 선생님께서 진행하시는 〈KBS 전국노래자랑〉에 한 번 출연해보자는 것이었다. KBS 홈페이지에 들어가서 정보도 확인하고 전국노래자랑 팀에게 전화를 걸어서 물어봤더니 꼭 해당 지역에 살지 않고 다른 지역에 살더라도 본선에 참여할 수 있다고 했다. 이때 제일 빠르게 예심이 진행됐던 곳은 전남 장성군 편이었다!

신청을 하고나서 며칠 후 전남 장성에서 치르는 예선에 참여하기 위해 용산역에서 장성으로 가는 기차를 아침 일찍 탔다. 기차 안에는 노래방 시설도 있어서 노래방에서 연습도 좀 했다. 3시간이 넘게 이동을 하고서야 이윽고 장성역에 도착했다.

예심이 열리는 지역 대표 체육관으로 이동했다. 체육관 안으로 들어가 보니 사람들이 아주 많았다. KBS 전국노래자랑 방송 팀들, 예선 참가자들, 가족들, 구경 온 사람들 등 300~500명 정도 되었다. 예선 참가자들은 대략 100명 정도 되는 것 같았다. 참가자들이 많으니 내 순서가 될 때까지 노래 가사를 제대로 외워보기로 했다. 특히 가사 앞부분이 많이 헷갈렸다. 부르려고 한 곡목은 가수 박상철 씨의 황진이.

내가 부를 곡목에 대해서 생각해보고 분위기도 살피고 있는데, 어수선함을 깨는 큰 울림의 안내 방송이 들렸다. MC처럼 정교하게 리듬이 들어간 말투가 아니라 현장의 리얼리티가 깊숙이 우러나오는, 딱 봐도 현장 PD의 말투였다. "지금부터 전국노래자랑 전남 장성군 편 예심이 시작됩니다. 예선 순서는 오늘 예선에 참여하시는 많은 분들 중에서 혹시라도 예선에서 떨어지면 집으로 빨리 돌아가셔야 되니까 가장 멀리서 오신 분들부터 예심을 진행하겠습니다. 음, 서울에서 오신 분부터 하겠습니다. 에~, 서울 고척동에서 오신 박상현 씨, 예심 1번입니다. 2번은 이용국 씨, 3번은 김태만 씨……. 준비해주세요!"

아니 이런 날벼락이 있나. 내가 처음으로 무대 위에 서야 했다. 나를 포함해서 처음 예심을 보는 10명 정도가 무대 위로 올라가서 무대 출입구 쪽 옆에서 한 줄로 대기했다. 첫 번째가 나라니! 가사가 좀 헷갈리는 데 말이다. 호흡을 가다듬고 무대 정중앙으로 걸어갔다. 그리고는 시작했다. "어얼씨구 저얼씨구 내가 내가 돌아간다. 황진이~ 황진이~ 황진이! 따리리리 뚜르르 뚜르뚜르 뚜르르 라라라 리리라릴라 빰바밤바밤바밤……. 합격이죠?" 이렇게 노래하고 물었더니 PD는 약간 짜증난다는 표정과 목소리로 단호하게 이야기했다. "불합격입니다. 얼른 집에 가세요!"

사람들은 재미있게 웃었지만, 아이구야! 불합격이었다. 서울에서 장장 세 시간을 넘게 기차를 타고 하루를 투자했건만 딱 20초간 노래를 부르고는 서울로 가는 열차에 올라야만 했다. 체육관 안에서는 민망하고 창피하니까 살짝 미소를 지으며 나왔는데 체육관을 빠져나와서는 나도 모르게 긴 한숨을 내쉬었다. 기차를 타고 집에 오면서 곰곰이 불합격한 원인을 생각해 보았다. 가사도 못 외우고 갔던 나의 성의 자체가 불합격이었다. 그래서 불합격했다고 생각했고 깊게 반성을 했다. 기분도 별로여서 저녁식사를 하고서는 바로 잠자리를 펴고 깊은 잠을 취했다.

🎤 성우, 개그맨 시험에 도전! 성공 or 실패?

며칠 후, 성우 시험에 도전했다. 각 방송국의 공채 성우 시험 일정을 보니 Tooniverse 성우 시험이 눈에 들어왔다. 시험에 필요한 여러 가지를 확인하고는 실행에 들어갔다. 먼저 각 지문에 맞는 연기를 CD에 녹음해서 Tooniverse 방송국에 제출해야 했다. 나는 친구가 근무하는 녹음실에 가서 연기를 펼치고 녹음을 했다. 그리고 Tooniverse 방송국에 직접 가서 CD를 제출했다. 여기서 통과되면 2차 시험을 본다. 나는 합격 여부 상황을 기다렸고, 끝내 응답은 오지 않았다. 그래서 2차 시험에 대한 구체적인 내용은 잘 모르겠다. 도전 실패!

이외에도 KBS 개그맨 시험, MBC 개그맨 시험 등 여러 경험을 해보려고 노력했다. 합격하면 좋은 거고 혹시 합격을 못해도 내가 최선만 다한다면 나에게 모두 좋은 경험이 되고 자산이 된다는 것을 알고 있었다. 이렇게 나의 도전 노트는 삐걱거리더라도 계속 쓰여졌다.

🎤 방송국에서 연락이 오다!

그러던 중, 'KBS 생방송 오늘'이라는 프로그램 팀에서 전화가 왔다. 스피치파티에서 이루어지는 새벽 발표불안클리닉 수업을 촬영하고 싶다는 것이었다. 나는 전화도 친절하게 받고, 제작진에게 수업 진행에 대한 나의 계획도 구체적으로 잘 이야기했다. 이렇게 협조를 잘 했더니 키가 187cm 정도 되는 키 크고 모델 같이 생긴 남자 PD가 새벽 4시쯤 낙원악기상가 옆 스피치파티 사무실로 왔다. 새벽 발표불안클리닉 수업을 ENG 카메라로 담아낸 그 다음날 새벽, 'KBS 생방송 오늘'에 발표불안클리닉 수업이 전국 전파를 탔다. 이번에는 전국 방송에 약 3분 정도 나왔다. 방송에 한 번 나와서 그런지 사람들의 수요가 조금씩 많아지기 시작했다.

🎤 나의 꿈

당시 스피치 강의실은 강의실 안에 작은 책상과 함께 사무 업무도 하는 형식으로 구성되어 있었다. 강의실이 딱 한 칸만 있어서 좀 아쉬웠다. 하나 더 있으면 좋을 텐데 말이다. 그래서 어디 괜찮은 공간이 없을까 하고, 이때부터 밥 먹으러 식당에 가거나 집에 갈 때, 또는 도서관에 갈 때 등 이동할 때마다 어디 저렴하고 좋은 공간이 없나 하고 틈틈이 사무실을 보러 다녔다. 그리고 지금 사용하고 있는 사무실을 얻을 때 소개받았던 공인중개사에게도 싸고 좋은 데가 있으면 알려달라고 이야기했다.

잠깐 나의 꿈에 대해서 이야기를 하자면 다음과 같다. 여러 다양한 테마를 둔 각 강의실에서 교육생들이 즐겁게 스피치 실습을 하기도 하고, 강사가 아니라 회원 중 한 명이 발표를 연습하러 오는 회원들을 위해서 스피치 모임을 직접 진행해보기도 하는, 그래서 수동적으로 스피치 연습만 하는 게 아니라 총괄 진행자가 되어, 본인들이 직접 강의도 해보고, 사회도 봐보고, 레크리에이션 진행도 해보면서 더 넓고 깊은 스피치 시야를 가질 수 있도록 시스템을 갖추는 것이다. 그리고 우리 학원에 오면 스피치에 대한 모든 것들을 즐겁고 빠른 시간에 완벽하게 배울 수 있도록 최고의 시설을 만드는 것이다. 내가 주인으로 있는 건물에서 말이다.

왜냐하면 임대료를 안낼 수 있으니 수강료 거품도 빠질 수 있고, 더 저렴한 비용으로 더 많은 효과를 낼 수 있기 때문이다. 그리고 내 건물이니까 강의실을 내 마음대로 꾸밀 수 있다. 1강의실은 영화관처럼, 2강의실은 커피숍 느낌처럼, 3강의실은 방송국에서 가수가 서는 무대처럼, 4강의실은 마치 패션쇼 무대처럼, 5강의실은 폐차된 버스 한 대를 사와서 페인트를 예쁘게 칠해놓고 교육생들이 그 안서 게릴라 스피치 연습을 할 수 있도록, 또 6강의실은 동대문 패션몰 주위에 있는 야외무대처럼……. 이렇게 다양하게 강의실을 꾸며서 교육생들에게 무대는 어려운 곳이 아니고 즐거운 곳이라는 것을 스스로 느끼게 해주고 싶다. 그러면 스피치를 즐기면서 노력할 수 있으니 억지로 노력을 안 해도 실력이 향상될 것이기 때문이다. 이런 스피치 스쿨을 설립하는 게 나의 꿈이다.

🎤 새로운 곳, 좋은데?

하루하루 비슷한 일상이었지만 내가 하고 싶은 일을 할 수 있어서 행복했고 보람찼다. 꿈이 있고 나아갈 수 있어서 즐거웠다. 틈날 때마다 사무실을 보러 다녔는데, 또 어떻게 내 생각을 알았는지 지금의 사무실을 소개해줬던 부동산 중개업자에게 연락이 왔다. 학원을 하기 좋은 정말 저렴하고 넓은 곳이 있다고 나한테 같이 가서 보자는 것이었다.

마침 이때는 스피치 교습소에서 정식 학원으로 한 단계 더 발전시키고도 싶을 때였다. 그동안은 스피치 교습소다보니 인원에 제한도 있었다. 강의실을 하나만 사용할 수 있었고 인원도 9명까지만 참여가 가능했던 것이다. 공인중개사에게 전화온 날은 할 일도 많았고 더 큰 곳을 얻기에는 자금도 턱없이 부족한 상태여서 알았다고만 이야기를 하고 거절했다. 그런 좋은 곳을 봐봤자 한숨과 아쉬움만 나올 것 같아서 다음에 본다고 이야기하고 넘겼다.

그런데 다음날 그 공인중개사에게 또 전화가 오는 것이었다. 정말 좋은 곳이니 한 번 보러나 가자는 것이었다. 또 가까워서 보러 갔다 오는 데 시간도 얼마 안 걸리고 바쁘더라도 점심 때 잠깐 갔다 오면 된다는 것이었다. 며칠 연속 두세 번이나 이야기를 하니 한 번 가볼까 하는 생각이 들었다. 어차피 밑져야 본전이니까 한 번 가보기로 했다.

가보기로 한 날은 또 가는 날이 장날이라고 비가 많이 내렸었다. "네, 제가 점심 때 사무실 앞 횡단보도로 가겠습니다.", "그래요, 보청기 앞 횡단보도 앞으로 나오세요." 점심 때가 되어서 나는 우산을 쓰고 중개업자와 함께 그곳에 가보았다.

종로의 큰 도로에서 50m 정도 안으로 들어갔더니 한 5층 정도 되는 건물이 보였다. 그리고 그 건물 계단으로 한 층 한 층 올라갔다. 엘리베이터는 없었고 4층에 있는 그 공간을 볼 수 있었다. 공간도 넓고 괜찮았다. 좋았다. 보면 볼수록 참 좋았다. 중간에 벽을 나누면 서너 칸을 만들 수 있었다.

'여기 얻고 싶다! 아니 얻어야겠다! 얻었으면 좋겠다!'라고 생각이 점점 바뀌었다. '돈이 좀 있으면 저 공간을 얻을 수 있을 텐데 말이야.' 보증금은 얼마고 월세는 얼마인지, 그리고 관리비는 얼마인지 공인중개사에게 물어봤다. 그리고는 고개를 몇 번 끄덕이며 알았다는 신호를 보내고, 다시 각자의 사무실로 돌아갔다. 그리고 저녁에 있을 강의를 다시 준비하기 시작했다.

그런데 이따금씩 아까 다녀온 그 공간이 생각났다. 참 아까운 공간이었다. 내가 먼저 계약하지 않으면 다른 사람들이 계약을 할 것만 같았다. 엘리베이터는 없었지만 위치도 좋았고, 4층이면 걸어서도 올라가는데도 그렇게 큰 무리는 없었다. 괜찮았다. 보증금이나 월세도 생각보다는 저렴했고, 이런 저런 이유를 생각하더라도 딱 내가 원하는 형태였다. 스피치 학원이 들어서기에 딱 안성맞춤이었다.

문제는 돈이었다. 만약에 그곳으로 이전을 한다면 현재 사용하고 있는 사무실을 정리하고 그곳으로 가야되는데, 현재 사용하고 있는 사무실은 계약기간이 7개월이나 남은 상태였다. 현 건물 주인은 또 아주 까칠해서 계약된 기간 동안에는 내가 기간을 다 채우고 나가든지, 아니면 내가 알아서 사무실을 다른 사람에게 넘겨놓고 나가든지 해야 하는 상황이었다. 만약에 새로운 곳으로 가려면 말이다.

🎤 학생들이 수천만 원의 도움을 주다

그 공간을 얻을 수 있는 길은 무엇인지, 어떤 방법이 있을지 궁리해보았다. 혹시 내가 그곳을 얻기 위해서 금전적으로 도움을 요청한다면 또 누구에게 말이라도 해봐야 되는지 잘 생각해보았다. 이삼일 정도 고심을 해보다가 다음날 지인들에게 연락을 해봤다. 이런 계획이 있는데 어떻게 조금이라도 도움을 줄 수 있는 지 물어봤다. 금전적인 이야기인 줄 바로바로 알아채고는 부담스러워했다.

지인이 부담을 느끼면 나도 부담이 됐고 많이 미안했다. 내가 생각하는 지인들에게 전화로 말이라도 한 번 해보고 안 되면 그 공간을 얻지 않으면 되는 거였다. 사람들에게 조금 미안하기는 했지만 내가 도움을 받고 나중에

보답하면 될 것이라고 마음을 정리하고는 또 다른 지인들에게 연락을 취해 봤다. 지인들은 아무렇지 않은 듯 멋쩍게 웃으면서 돈이 없다고 했다. 내 능력을 제대로 키워서 순수하게 내 돈으로만 사업을 해야겠다는 반성과 함께 나의 행적을 뒤돌아보는 계기가 되었다.

한 열 명 정도에게 전화를 했는데 진짜 돈이 없건 거절이건 잘 안 되자 더 이상은 할 의지와 마음이 생기지 않았다. 전화기를 내려놓은 채 멍하니 있었다. 내 눈은 벽의 어딘가로 고정되었고 멈춰버렸다. 그리고 시간은 정지해버렸다. 시계 초침 소리만 점점 크게 들리기 시작했다. 마치 가위에 눌린 것처럼.

그렇게 어느 정도의 시간이 흘렀는데 교습소에 연습하러 나오는 분에게 전화가 왔다. 요즘 건강은 어떠한지, 교습소는 잘 되는지 등을 묻는 안부 전화였다. 안부를 묻고 대화를 나누며 어쩌다보니 그분이 나의 상황을 알게 되었다. 그리고는 다음날, 그분이 1000만 원이 넘는 돈을 입금시켜줬다. "원장님이 잘 되면 받을 수 있겠지요. 하하"라는 말씀과 함께. 국민은행에 다니고 계신 신동섭 씨였다.

또 수강생 중 안정후 씨, 최형환 씨, 김상수 씨, 이용희 씨, 김경민 씨, 박원상 씨 등 많은 분들이 큰 도움을 주셨다. 여기에 친구들도 도움을 줬다. 석주, 정호, 준영이, 형중이 등등. 그래도 그동안 내가 삶을 괜찮게 살았다는 것에 힘이 불끈 솟았다. 뺨에는 눈물 줄기가 흘러내렸다. 어느 정도 감정을 추스르고 상황을 파악하고 정리한 다음에 공인중개사에게 전화를 했다. 지금은 답사했던 공간을 얻을 수 있는 여력이 있긴 한데, 현재 이곳 낙원악기상가 근처 사무실은 계약기간이 많이 남아있어서 어떻게 하면 이 사무실을 얼른 뺄 수 있는지 이런 부분이 고민이라고 이야기를 했다.

공인중개사는 현재 사무실을 다른 사람이 얼른 계약할 수 있도록 본인이 신경을 많이 써서 매듭을 지어줄 테니 답사했던 곳을 빨리 계약하자고 했다. 내가 고민하고 있는 부분들이 어떻게든 다 해결 가능하다고 이야기를 많이 해줘서 나를 안심시켰다. 나도 생각하기를 괜히 공인중개사가 아니고 전문가니까 말에 대해서 책임을 질 수 있는 어떤 무기가 있을 거라고 생각하고 신뢰했다. 그로부터 며칠 후, 답사했던 관수동에 있는 건물 4층의 저렴하고 넓은 사무실의 계약서에 도장을 찍을 수 있었다.

새로 얻은 공간을 어떻게 강의실과 사무실로 나눌지 현장에 가서 줄자로 계속 이리저리 재보며 연구를 했다. 입구에 앉을 수 있는 소파 하나를 놓으니 휴게실과 비슷한 공간이 나왔다. 그 다음 사무실 한 곳과 강의실 두 곳이 나오도록 나누었다. 그리고 건물 4층 복도부터 출입구, 사무실, 강의실 등에 모두 페인트를 칠해서 깔끔하게 보이도록 정리를 했다. 이밖에도 필요한 책상과 의자 등의 비품을 모두 마련해 완성했다.

그런데 한 달이 지났는데도 낙원악기상가 사무실을 보러 오는 사람이 없었다. 공인중개사가 별로 신경을 잘 안 쓰는 것 같았다. 그래서 내가 아예 사무실 정보들, 건물 실평수, 층수(3층), 보증금, 월세, 관리비 등을 A4용지에 출력해서 근처의 부동산 사무실에 일일이 발품을 팔아 다니며 다 나눠줬다. 하루 날 잡고 그렇게 제대로 사무실 정보를 뿌렸더니 한 달 안에 다른 사람이 그 사무실을 계약하게 됐다.

그렇게 해서 종로구 관수동에 소재해 있는 더 넓은 공간에서 스피치 사무실을 운영하기 시작했다. 여기서 강의를 하니까 강의도 더 잘 되었다. 나의 걸음걸이도 더 빨라졌고 삶의 의욕도 더 커졌다. 이런 식으로만 운영이 잘 된다면 머지않아 내가 원하는 스피치 스쿨의 꿈도 달성할 수 있을 것이라는 조심스러운 전망이 생겼다.

🎤 고발당하다

3주 후에 전화가 한 통 걸려왔다. 남자였다. 무게감 있는 목소리로 담담하게 툭 던지는 말투로 이야기했다. "여기 종로경찰서인데요." 어, 나는 잘못한 게 없는 데 왜 그러지? 그 사람은 자신을 형사라고 소개하며, 경기도에 있는 학원에서 종로경찰서로 전화가 왔는데, 우리 업체 스피치파티(자신감충전소)를 샅샅이 조사해달라는 고발이 들어왔다고 했다.

나는 어이가 없었지만 어떤 게 문제인지 차근차근 물어보았다. 형사는 우리 업체가 학원 인가를 받은 곳이냐고 물었다. 학원 인가라? 안 나있고 여기는 아직 교습소인데……. 당황하지 않고 성심성의껏 설명을 했다. "저는 누구한테 해를 끼치려는 게 아니라 도움을 드리려고 한 것이고 교육청에 가서 직접 여쭤보고 한 것입니다."라고 잘 이야기했다. 또한 필요한 법적인 부분은 교육청에 문의해서 신속하게 잘 알아본 다음 완료할 테니까 시간을 조금만 달라고 간곡히 부탁했다. 나의 진정성이 느껴졌는지 형사는 그럼 빨리 학원 인가를 받으라고 이야기를 하고는 전화를 끊었다.

🎤 새로 얻은 곳은 불법 건물

다음날 나는 학원 인가를 내기 위해서 교육청으로 달려갔다. 교육청에서는 학원 인가를 받기 위해서는 여러 조건들이 맞아야 된다고 설명하며, 그중에서 학원 면적은 실습실 면적이 $70m^2$ 이상이 되어야 한다고 했다. 다시 돌아와서 강의실 면적을 줄자로 재어보니 58m² 가 나왔다. 입구에서부터 모든 총 면적을 계산해도 70m² 를 넘지 못했다. 옆 사무실이 있었는데 그곳을 합치면 70m² 그 이상이 육안으로 봐도 나왔다. 다행이었다.

그런데 건물 용도가 학원 인가를 받을 수 있도록 정화조 용량에서부터 소방관련 설비들, 그리고 여러 가지 것들이 충족되어야 하는데, 그렇지 못하는 부분들이 많았다. 건물의 용도 변경이 가능한지 구청에도 물어보고, 구청 주위에 있는 사무소에 가서도 물어봤다. 그런데 그 건물은 불법 건물이라고 했다. 용도 자체를 변경할 수 없다는 것이었다. 이런 날벼락이 있나.

그 뒤로 약 한 달 반 정도를 학원 인가를 받을 수 있는 방법에 대해서 발품을 팔아 알아보며 다녔다. 이때 이 일 때문에 저녁 강의도 신경을 제대로 못썼다. 모든 수단과 방법을 가리지 않고 다 알아봤는데 결과적으로 그 건물은 학원 용도로는 될 수 없다는 것이었다. 불법 건물이었다. 이미 있는 돈을 다 들여서 페인트를 칠하고 방음벽으로 공간도 다 나누고 전기 공사도 하고 형광등 위치도 다 바꾸어 놓았는데, 그나마 많지도 않았던 돈을 다 투자했는데……. 이곳은 학원 인가를 받을 수 없는 곳이었다.

🎤 혹시나 방법이 있지 않을까?

그래도 혹시나 학원 인가를 받을 수 있는 방법들이 있는지 알아보기 위해서 수소문을 해봤다. 건축법 전문가를 만나서 모든 가능성에 대해 자문을 구했다. 이 건물은 정화조 용량이 너무 적으니 용량을 크게 하면 건물 용도가 학원 인가를 받을 수 있도록 될 수도 있다는 것이었다.

용량의 크기 조건을 맞추기 위해서는 정확히 몇L인지는 기억이 나질 않지만 새로운 정화조를 땅에 묻어야한다고 했다. 또 이 건물은 주위의 다른 건물들과 따닥따닥 촘촘하게 붙어 있었다. 워낙 복잡한 곳이라서. 알아보니 건물 1층에 호프집이 있는데, 호프집 바닥을 모두 뜯어내고 미니 포크레인이 들어가서 부족한 정화조 용량을 채울만한 더 큰 정화조를 땅에 파묻어야만 된다는 것이었다.

이게 현실성이 있을까? 엄청난 비용이 들어가고, 거기에 영업을 해야 하는 1층 호프집 주인이 과연 동의를 해 줄 것이며 또한 이 건물 주인도 동의를 해줄 것인지 등 다시 한 번 생각해봐도 현실성은 없었다. 정화조를 묻는 작업보다 새로운 곳으로 학원을 옮기는 게 훨씬 더 쉬운 일이었다.

문제는 아주 심각했다. 주위 사람들이 돈을 융통해줘서 이곳으로 옮겼는데 또 다른 곳으로 옮겨야만 되는 상황이었다. 미치고 환장하고 팔짝 뛸 노릇이었다. 하지만 그럴 힘도 나지 않았다. 이대로 모든 게 끝나는 것인가? 아직 뒷머리 원형탈모도 복구하지 못했는데 말이다. 처음에 이곳으로 올 때 학원 인가를 얻을 수 있는지 잘 알아보고 왔어야 했는데 경험이 없다보니까 아주 큰 실수를 한 것이었다. 이런 상황이 오리라고는 전혀 생각을 못했다. 스스로 나는 꼼꼼하다고 생각했는데 말이다.

부동산 중개업자도 내가 학원 할 자리라고 이야기를 자주 했으니 학원 용도에 적합한 곳을 중개해줬어야 됐는데 한편으로는 그 분이 원망스러웠다. 둘 다 잘못한 것이었고 손해는 나 혼자 감당해야 했다. 리스크는 무지하게 컸다. 정신적으로도 많이 힘들었다. 정말 어렵게 모으고 또 융통한 자금을 이곳에 모두 다 쏟아 부었는데, 이동도 못하고 제거도 못하고……. 이러지도 저러지도 못하는 상황이 되어버렸다.

수강생들 중에는 건축 관련 대기업에 다니는 분들도 있어서 이 상황에 대해 세부적으로 알아봐줬는데 똑같은 대답이었다. 불법 건물이어서 학원은 안 된다는 것이었다. 또 다른 부동산 전문가는 중개해준 공인중개사의 과실이라고 했다. 법적으로 상당 부분 제어할 수 있다고 했다. 냉정하게 한다면 그렇게도 해볼 수가 있겠지만 고발이나 소송을 통해서 이 상황이 모두 해결될 것 같지도 않았고, 심리적으로 나의 에너지는 한계에 봉착해 버렸다. 그냥 이곳을 잠정 포기하고 다시 다른 곳을 알아보서 학원을 옮겨가는 걸로 마음을 먹었다.

 이곳을 중개해준 공인중개사에게 내 생각을 말했다. "그때 좀 잘 좀 알아봐주시지 그러셨어요?"라고 말이다. 그랬더니 자기는 내가 학원을 할 줄 몰랐다고 하는 것이다. 그냥 스피치 모임, 동호회 정도를 하는 걸로 들었다는 것이다. 나는 말할 때마다 '학원'이라는 단어를 항상 사용했고, 학원할 장소를 소개해달라고 이야기를 한 건데 말이다. 어쨌든 나만 힘들게 됐고, 공인중개사와의 시시비비는 그냥 거기서 끝냈다.

 돈 한 푼도 없고 어디로 가야할지 막막했다. 사채를 쓸까? 집 땅 좀 팔아서 해달라고 할까? 별 생각을 다 하다가 결국에는 사채를 쓰기로 했다. 사채를 쓰기 직전에 한 다리 건너서 아는, 사채업에 종사하는 분에게 사채의 위험성에 대해서 물어보았다. 그분은 조금 힘들더라도 제도권 안에서 융통을 하는 게 좋겠다고 했다. 그래서 막바지 금융권의 비용을 융통하게 됐고, 수강생 중 한 분이 나에게 점심을 사주겠다고 오셔서 이야기를 나누던 도중, 나의 처지를 알고 꽤 큰돈을 아무 조건 없이 빌려주었다. 정말 감사한 마음이었다.

 첫 단추를 잘못 끼우니까 계속 일들이 어긋났다. 강의는 성심껏 운영해야만 했고 누구에게도 이런 티가 나지 않도록 조심해야 했다. 이런 사실이 알려져서 좋을 것은 하나도 없었으니까. 이때 나는 고척동에서 살다가 종로와 조금이라도 가까운 동대문 쪽에 한 6개월 전부터 살고 있었다. 이 쪽 거처도 정리를 해서 조금이라도 돈을 만들어야 했다. 잠은 고시원에서 자면 되는 거니까. 고시원은 한 번도 가본 적이 없고, 많이 좁다는 것을 잘 알고 있고, 불편하다는 것도 잘 알고 있었지만 선택의 여지가 없었다. 이런 것은 괜찮았고 가장 중요한 것은 장소를 옮기고 학원 인가를 받는 것이었다.

🎤 될까 안 될까 고민하지 말고 계속 될 수 있게끔 두드려라! 그럼 된다!

길을 지나가다가 우연히 장소 중개를 제대로 해주지 못한 공인중개사가 있는 건물에 가게 되었다. 여기서 이 건물 5층에 입주해있던 사람들이 4층으로 이사를 간다는 정보를 알게 되었다. 그럼 5층이 상당 부분 빈다는 것인데, 5층은 스피치 사무실을 중개해준 공인중개사 사무실도 있는 곳이었다. 내가 맨 처음 낙원악기상가 옆 사무실을 얻기 위해 방문했던 곳이기도 하고, 최근 관수동 사무실을 중개해줘서 나를 힘들게 만들었던 공인중개사 사무실이 있는 곳이기도 했다. 종로에 처음 왔을 때, 이 공인중개사 사무실에서 스피치모임을 한다면 정말 좋겠다고 생각했던 바로 그곳이다.

5층이 많이 빈다는 정보를 듣고 노력한 끝에 이곳에 새롭게 공간을 얻어서 결국 학원 인가를 받은 정식 학원을 설립하게 되었다. 우리 수강생이 크게 도와주고, 건물주도 알게 모르게 많은 도움을 주어서 결국 학원 인가를 받게 되었다. 이름은 '드림 스피치 아카데미'로 정했다.

관수동 불법 건물 사건으로 많은 것들을 배웠다. 그중 중요하게 배운 거는 진취적인 마인드이다. 나의 사무실을 소개해준 공인중개사 말고, 다른 공인중개 사무실인 '종로 랜드'의 사장님이 학원 인가를 받을 수 있을지 걱정을 정말 많이 하는 나에게 이런 말을 해주었다.

교육청과 구청에서 원하는 조건을 계속 충족시키다보면 결국에는 학원 인가를 받을 수 있게 될 거라는 이야기였다. 공간이 안 나오면 벽을 허물어서 공간을 내면 되고, 정화조 용량이 부족하면 다른 층의 용량까지 끌어다가 조건을 모두 다 맞추면 된다는 이야기였다.

'안 되면 어쩌지?'라고 걱정하며 생각만 할 게 아니라, 될 수 있게끔 기를 쓰고 요건들을 맞추다보면 결국에는 된다는 이야기였다. 불법 건물 사건을 계기로 이런 중요한 원리도 깨닫게 되었다. 이렇게 2012년 2월에 '드림 스피치 아카데미'가 설립되었다.

🎙 고시원 생활

동대문에서 거주하고 있던 자취방도 빼기로 했다. 얼마 안 되지만 자취방 보증금도 학원을 새로 얻는 데 다 쏟아 부었다. 잘 곳과 머무를 곳이 없어서 고시원에 들어가기로 했다. 물론 친척집에 들어가거나 형제들 집에 들어갈 수 있었지만, 그쪽도 너무 좁았고 불편하게 살기 싫었다. 그리고 학원과의 거리도 너무 멀었다. 고시원은 학원에서 100m 이내로 잡았고, 고시원비는 한 달에 26만 원 정도였다.

막상 고시원에 가보니까 많이 좁았다. 한 사람이 1인용 침대에 눕고 또 한 사람이 바닥에 누우면 사용할 수 있는 공간이 없었다. 그리고 옆 사람의 기척이나 숨 쉬는 소리까지 들릴 만큼 방음은 안 되었고 시설이 열악했다. 이곳에는 각양각색의 사람들이 저마다 다른 사정으로 머물러 있었다. 노인들도 계셨고, 직장인도 있었고, 또 방학 동안에 지방에서 서울로 올라와서 학원 수강을 하려고 온 학생도 있었다. 그리고 연예인이 되려고 지방에서 올라온 사람들 등 다양한 사람들이 머무르고 있었다.

고시원에는 간단한 옷차림과 가방 하나에 들어갈만한 정도의 최소한의 짐만 있는 게 머무르기에는 적당한 것 같았다. 그런데 나는 짐이 너무 많았다. 양복도 꽤 있었고 신발, 그릇 등 별 게 다 있었다. 특히 양복이 많아서 어떻게 정리할까 고민을 많이 했다.

여러 고민 끝에 옷을 거는 행거 약 3세트를 수평 수직으로 마치 건설 철골 구조물처럼 연결해보니 공중에 떠 있는 공간들까지도 다 활용할 수 있게 됐다. 마치 '미션임파서블'이라는 영화의 미션처럼 말이다. 그렇게 해서 양복을 많이 걸었더니 작은 세탁소 같기도 했다. 좁았다. 하지만 그래도 위안이 되었던 것은 학원 인가를 받은 정식 학원을 설립했다는 것이다. 좋았다. 이렇게 추운 겨울에 얼어 죽지 않고 잠이라도 잘 데가 있으므로 감사하게 생각해야 했다.

처음에는 고시원 규칙을 잘 몰라서 냉장고에 있는 꽤 맛있는 반찬들이 보이기에 아무 거리낌 없이 먹으려고 했다. 이 상황을 본 고시원 총무가 인상을 쓰면서 나에게 먹지 말라고 말했다. 개인 반찬인데 왜 먹느냐는 것이었다. 냉장고 한 쪽에 세팅되어 있는 반찬만 먹으라고 했다. 기본 반찬들을 보았더니 김치, 무말랭이, 깻잎이 있었다. 김치는 간이 안 맞았고, 무말랭이와 깻잎은 아주 맛있었다. 딱 보니 내가 식품회사에 있었을 때 반찬 공장에서 만들어진 반찬이었다.

솔직히 고시원 생활이 불편하긴 했다. 누가 머리를 감거나 샤워를 하면 그 사람의 용무가 다 끝날 때까지 기다렸다가 와야 했고, 또 어느 정도 기다리다가 샤워장 앞으로 갔는데 다른 사람이 또 샤워를 하고 있으면 기다려야 했다. 5층은 여자들만 있는 층이었고 6층은 남자들만 있는 층이었다. 샤워하러 5층으로 가기에는 부담이 많이 컸다. 여자들만 사용하는 곳인데 괜히 샤워장 앞에서 기웃거리다가 변태로 오해받을 수도 있었으니까.

학원은 무엇보다도 학원 원장의 개인 신상이 중요했고, 괜히 불필요한 오해의 소지를 만들면 안 되었다. 이렇듯 불편한 부분이 꽤 있었지만, 긍정적으로 생각하면 너무 쉽게 학원이 잘 되는 것보다는 이렇게 여러 우여곡절의 경험을 해보면서 진도를 나가는 게 재미있는 것이었다. 고시원비만 조금 더 저렴했으면 좋았을 텐데.

🎤 강의실에서 잠을 자다

고시원비도 나에게는 컸다. 관수동에 학원 공간을 잘못 얻으면서 있는 돈은 모조리 다 써버렸고, 따로 은행에서 빌린 돈도 있어서 이자도 갚고 원금도 상환해야 하는 등 갑자기 지출이 아주 많아져 버렸다. 둘째 달까지는 고시원 비를 잘 냈는데 3개월 되면서부터는 밀리기 시작했다. 고시원 총무에게 계속 압박 전화가 왔고 그래서 신경이 많이 쓰였다. 죄송하기도 했고. 한 달에 26만원도 벅찼다.

그래서 이때 든 생각이 아예 고시원에서 나와서 '밤에 학원 강의실에서 잠을 자버릴까?' 하는 것이었다. 고시원에서는 겨울을 포함하여 약 4개월째 지내고 있는 중이었다. 이제 서서히 날씨가 풀리기 시작했지만 아직도 밤에는 겨울이었다. 이 생각을 가진 뒤로 한 번 시험 삼아 학원 강의실에서 이불을 덮고 자봤다. 한창 군대에 있을 때는 이런 건 껌이었는데, 사회로 나와서 민간인으로 살다보니까 군대에 있을 때보다는 기합이 좀 빠져있었다. 잘 만은 했다. 다행히 기합이 많이 빠져 있진 않았다. 길에서 노숙하는 것도 아니고 강의실 문을 다 닫아놓으면 바람도 안 들어와서 지낼 만 했다.

강의실에서 한 번 자보고 결정을 내려 고시원을 아주 나와 버렸다. 그리고는 학원 강의실에서 살기 시작했다. 항상 저녁 강의가 끝나고 나면 미션 아닌 미션을 수행해야만 했다. 아무도 모르게 작은 창고에서 이불을 가져와 잠을 잤다. 그리고 씻는 건 화장실에서 해결했다. 머리도 감고 속옷도 빨았다. 양복은 가끔 세탁소에 맡겼다. 빨래를 해서는 건물 옥상에 말리기도 하고, 새벽에 빈 강의실을 열어놓고 바람이 잘 통하게 해서 어둠이 있는 새벽 동안 모두 건조시키기도 했다.

가끔 기분이 좋거나 스트레스를 많이 받은 날이면 밤에 술을 한 잔 먹었는데, 그 다음날 아침에 일어나기가 아주 힘들었다. 어느 날은 강의실에서 자고 오전 9시 정도에 눈을 떴는데 오전 8시면 이 건물 다른 사무실 사람들이 다 출근을 한 상태이기 때문에 화장실에서 머리를 감을 엄두가 안 났다. 다른 사람들은 깔끔한 차림으로 멀쩡하게 복도를 다니는데, 나만 머리카락이 떡이 져있고 모습이 퀴퀴하면 얼마나 창피한 일인가!

강의실 안에서 사람들이 화장실을 왔다 갔다 하는 소리를 잘 듣고 있다가, 사람이 나오는 소리가 나면 화장실에 재빠르게 들어가곤 했다. 그리고는 화장실에 있는 수도꼭지에 파란 호스를 연결해서 찬물로 머리를 감았다. 시간은 아무리 오래 걸리더라도 5분을 넘기지 않도록 노력했다. 혹시라도 누가 이런 나의 모습을 보게 되면 건물 주인에게 불만 사항을 이야기할 거고, 그러면 나는 다시 한 달에 2~30만원을 내면서 고시원이든 어디든 지낼 장소를 찾아야 하는 상황이 올 수 있기 때문이었다.

이런 불편이 컸지만 강의실에서 자면서 몇 가지 좋아진 게 있다. 그것은 첫째, 출퇴근 시간이 거의 없기 때문에 학원 업무에 더 집중할 수가 있었다. 둘째, 무엇을 행동함에 있어서 동작이 빨라졌다. 셋째, 일찍 일어나는 습관이 생겼다. 이런 생활을 하다보니까 노하우가 생겼다. 예를 들어 빨래는 월요일부터 일요일까지 해보았는데 일요일 저녁이 가장 마음도 편했고 빨래도 잘 되었다.

일요일 저녁에는 다른 사무실에 사람들이 거의 없었기 때문에 눈치를 볼 필요도 없었다. 큰 대야에 빨래를 놓고 발로 질근질근 밟으면 첨벙첨벙 물 튀기는 소리가 화장실 내부에 울렸다. 그럼 빨래 때도 주욱 빠지고, 내가 한 주간 받았던 스트레스도 주욱 빠지는 것 같았다. 고시원비를 빨리 내라고 귀찮게 하는 전화도 없었고, 날이 점점 풀어지면서 학원 강의실에서 생활하는 게 많이 익숙해졌고 때론 웃을 수 있었다.

여름이 찾아왔을 때는 학원 에어컨 온도를 내 마음대로 조절하며 잘 수 있어서 고시원보다 더 시원하게 지낼 수 있었다. 그리고 머리를 감을 때도 날씨가 추운 날에는 물이 너무 차가워서 힘들었는데 여름이 되니까 오히려 정신이 바짝 들 정도로 적당히 시원해서 좋았다.

시간은 왜 이렇게 빨리 가는지, 금세 여름이 또 오고 가을이 지나고 겨울이 돌아왔다. 이제는 잘 사용하지 않는 6층의 제일 작은 강의실에서 잠을 자기 시작했다. 전기장판도 구입했다. 그리고 전기장판 위에서 잠을 자기 시작했다.

🎤 119에 실려가다

학원 강의실에서 생활하는 동안 씻는 건 화장실에서 계속 찬물로 씻었다. 찬물로 자주 씻으니까 나도 모르게 몸의 근육들이 많이 긴장되었던 것 같다. 이게 반복되면서 어느 순간 허리 근육도 놀랐던 것 같다. 어느 날 잠을 자고 일어나려고 하는데 허리가 똑바로 안 펴졌다.

시간이 조금 지나면 괜찮을 줄 알았는데 아침에 아팠던 것이 저녁까지 계속 이어졌다. 제대로 일어서서 걷지를 못하는 정도였다. 걸을 때 마치 활처럼 한쪽으로 몸이 휜 채로 움직였다. 똑바로 몸을 펴기에는 너무 아팠다. 너무 통증이 심했다. 그렇게 조금 이동하다가 허리가 너무 아파서 벽을 짚거나 누워야만 했다. 몸 상태가 점점 안 좋아지기 시작했다.

밤늦게까지 허리 통증을 느끼다가 잠이 들었다. 잠을 푹 자고 나면 자연스럽게 허리 통증이 사라질 줄 알았는데 그렇게 되지 않았다. 오히려 더 심해졌다. 적당히 아프면 혼자 택시라도 타고 병원에 가서 치료를 받고 올 텐데 도저히 몸이 안 움직였다. 약간만 자세를 바꾸어도 허리는 물론 온몸에 엄청난 전율이 왔다. 아픈 신음소리가 절로 나왔다. 그리고 식은땀도 났다.

스스로는 몸을 이끌 수가 없어서 누군가의 도움을 빨리 받아서 병원에 가야만 했다. 며칠 누워있더라도 자연적으로 낫지 않을 느낌이었다. 혹시 몇 달 누워있으면 나을 수 있을지도 모르지만 내가 돈이라도 한 100억 있으면 몇 달 걸리더라도 아무 상관이 없겠지만 지금 나는 그런 상황이 아니었다. 강의실에서 잠을 자고 있는 처지였다.

어떻게 병원으로 갈까 생각하다가 사설 앰뷸런스의 도움을 받아서 갈까 고민했다. 그런데 사설 앰뷸런스는 보통 두 명이 오는 걸로 알고 있는데, 현재 나의 허리 상태는 너무 심각해서 두 명이 나를 이동시키는 건 위험했다. 이 건물은 엘리베이터가 없었고 좁은 계단으로 이동할 때 수평이 맞지 않아 조금만 잘못했다가는 내 허리에 아주 심각한 장애를 입을 수 있는 상태였다. 자칫 잘못하면 평생 불구가 될 수 있겠다는 판단이 직감적으로 들었다.

내가 개인적으로 아픈 거지만, 국가의 힘을 빌리기로 했다. 믿을 수 있는 119에게 도움을 청하기로 말이다. 휴대폰으로 전화를 걸어서 위치와 상황을 설명했다. 얼마 지나지 않아 119 대원들 네 분이 와서 들것으로 나를 옮겼다. 계단을 이동하면서 소방대원들도 많이 힘들어했고 나도 매우 힘들었었다. 몸에 약간만 충격이나 진동이 와도 통증이 아주 심했고, 그래서 몹시 겁이 났다. 전문 119대원 네 분이 들것을 들고 있었기 때문에 그나마 계단을 내려갈 때 안심이 되었지, 미숙한 사람들이었으면 아마 나는 이 글을 못 쓰고 있을지도 모른다.

나는 6층에서 1층까지 무사히 내려가서 큰 길가에 세워져 있던 119 차량에 그대로 누운 채로 타게 됐다. 그리고 이때 나를 도와주고 함께 있어 준 사람들이 또 있었는데 바로 학원 수강생인 안정후, 최형환, 김상수, 김경민 씨였다.

이윽고 근처의 병원에 도착했다. 응급실에 누워있는데 의사선생님이 나를 보며 간호사에게 뭐라고 이야기를 했다. 진지하고 낮은 어투로! "이 분 외국인이시죠?"라고 묻는 것이었다. 몸이 아팠지만 나는 반사적으로 "아니, 저 한국 사람인데요."라고 말했다. 나를 외국인으로 알더라. 동남아 느낌이 조금 났나보다. 그런데 또 생각해보니까 이 상황이 어이가 없고 웃겼다. 가뜩이나 허리가 아파죽겠는데 이런 개그 같은 상황이 생기다니. 나도 모르게 약간의 웃음이 나왔다. 그런데 내가 허리 아팠던 것을 깜박했나보다. 몸이 부들부들 떨리면서 통증이 찌릿찌릿했다. 너무 아팠다.

최형환 씨와 안정후 씨 등이 곧 병원에 와서 나를 간병해줬다. 정말 감사한 수강생들이다. 응급실에서 1박 2일 동안 치료를 받았더니 통증이 빠르게 없어져서 무사히 치료를 잘 받고 퇴원하게 되었다. 병원에서는 정밀진단을 받아보는 게 좋겠다고 했지만 내 마음은 계속 학원으로 향했다. 할 것들도 너무 많고 빨리 지금의 이 상황을 해결하고 싶었다. 여유를 부릴만한 상황이 못 되었다.

정밀검사는 안 받고 퇴원을 했고, 이때부터 허리를 보호하기 위해서 신경을 곤두세웠다. 잠을 잘 때도 전기장판 온도를 높여서 생활했다. 그리고 다시 되찾은 건강의 소중함을 뼈저리게 느꼈다. 이렇게 사지멀쩡하게 살아있다는 것에 감사함을 느끼며 이제부터는 수강생들의 스피치실력을 더욱 더 발전시킬 수 있도록 지원하기 위해 모든 노력을 다 하기로 했다.

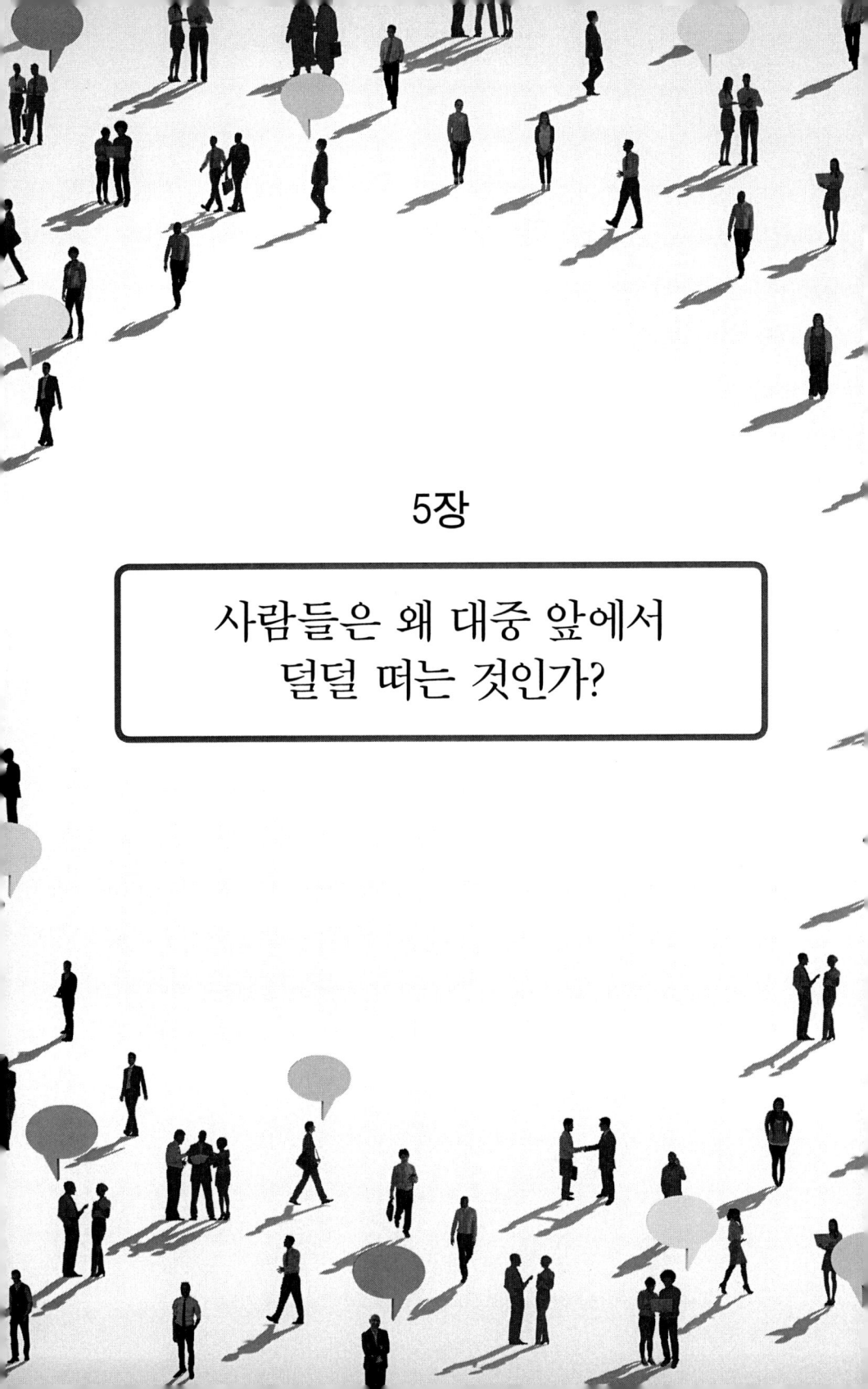

5장

사람들은 왜 대중 앞에서 덜덜 떠는 것인가?

5장

사람들은 왜 대중 앞에서 덜덜 떠는 것인가?

🎤 스피치 학원에 오는 사람들 대부분의 고민

  사람들이 스피치 학원을 찾는 대부분의 이유는 대중 앞에서 긴장을 많이 하기 때문입니다. 발표를 할 때 떨기 때문에 많이들 찾아왔습니다. 학교에서 책을 읽을 때 떨고, 과제를 발표할 때 떨고, 면접을 볼 때 떨고, 회사에서 프레젠테이션을 할 때 떨고, 회사에서 오래 일하다 보면 자연스럽게 직급이 올라가게 되는데, 그럼 아래 사람들을 이끌어야 됩니다. 이를 위해 스피치를 할 때도 또 떨고……. 일반적으로 다른 사람들에게 본인이 발표할 때 떤다는 이야기를 잘 하지는 않지만, 사람들은 본인의 발표 불안 증세에 대해서 많이들 고민하고 있습니다. 이 밖에도 스피치에 대한 고민들은 다양했고, 스피치 학원을 찾는 이유도 각양각색이었습니다.
  이번 장에서는 사람들이 대중 앞에서 왜 떠는지의 그 이유와 해결책에 대해서 집중적으로 다뤄보겠습니다. 집중해서 읽어주시기 바랍니다.

🎤 단독 음성 준비, 줄거리 원고 준비, 전문 원고 준비

사람들은 왜 대중 앞에서 말할 때 긴장을 많이 하고 덜덜 떠는 것일까요? 살펴보겠습니다. 먼저, 아래 주어진 지문을 토씨 하나 틀리지 않게 외워보십시오. 시간은 3분을 드리겠습니다.

박 대표는 "영국의 어떤 한 가수가 중국에서 음악을 히트시킨 후 그 다음 현지에 방문하여 열풍을 일으킨 것처럼 우리나라 모 걸 그룹도 이미 음악을 알리고 팬을 확보한 상태에서 중국을 방문하는 이른바 팝스타 마케팅을 활용한 덕분에 2만 1천명이 모인 대규모 쇼 케이스를 열어 신드롬을 일으킬 수 있었다"고 말했다.

3분이 지났습니다. 어떻게 좀, 외워보니까 쉬운가요? 어려운가요?
여러분, 대답 바랍니다. (여러분의 대답: 쉬워요or어려워요)
한 가지 더 여쭤보겠습니다. 만약 여러분이 5일 후 100명 앞에서 5분간 덕담을 이야기해야 하는 상황을 맞이한다면 어떻게 준비해야 좋을까요? 떨리니까 미리 원고를 준비해서 아예 토씨 하나 틀리지 않게 5분 간 할 이야기를 모조리 통째로 다 외워버릴까요? 어떻게 생각하시나요? 여러분, 잠시 생각을 해보십시오. 전체 문장이 쓰여 있는 원고를 보면서 모두 다 외워버릴까요? 아니면 큰 맥락만 이해하고 핵심 키워드를 중심으로 준비해볼까요? 또는 아예 이런 간단한 개요 키워드도 작성하지 않고 원고 없이 바로 음성언어로 연습해볼까요? 어떤 준비 방법이 발표할 때 가장 자신감 있게 말하는 데 효과적일까요?
정답을 말씀드리겠습니다. 정답은, 원고 없이 음성언어 단독으로 소리 내면서 연습하는 게 발표 자신감에 가장 효과가 좋습니다.

🎤 **처음부터 집 팔아서 사업했을 때, 성공할 확률이 높습니까?
아니면 실패할 확률이 더 높습니까?**

　이 부분에 대해서는 조금 더 설명을 하겠습니다. 스피치를 준비하는 방법으로는 크게 두 가지가 있습니다. '전문 원고 준비'와 '줄거리 원고 준비'입니다.
　전문 원고는 전체 문장이 쓰여 있는 원고를 가지고 준비하는 형태여서 암기하기도 힘들고, 내용을 통째로 잊어버릴 우려가 있습니다. 어조 역시 낭독조가 되기 쉽습니다. 즉, 준비한 고생에 비하여 효과를 보기 힘들다는 것입니다. 반면 줄거리 원고는 이야기의 전체 흐름을 머릿속으로 그려볼 수 있기 때문에 내용을 잊어버릴지 모른다는 두려움에서 해방될 수 있습니다. 그러므로 실전에서 느긋한 마음으로 술술 이야기할 수 있습니다. 그럼 아예 줄거리 원고도 없이 바로 말하고자 하는 바를 소리 내서 연습해보면 어떨까요? 그럼 대중 앞에서 말을 더 잘 할 수 있습니다.
　사업을 예로 들어보겠습니다. 요즘 경기가 별로 좋지 않아서 자식이나 또는 배우자가 직장에 들어가서 일하지 않고 사업을 하겠다고 합니다. 그런데 돈이 없으니 땅이나 집을 팔아서 사업자금을 대달라고 합니다.
　이렇게 시작한 사업은 앞으로 잘 될 확률이 높을까요? 아니면 잘 못될 확률이 높을까요? 사업을 하는 사람에게 달려있으니 그건 알 수 없다고 답할 수도 있겠지만, 큰 틀로 본다면 사업은 안 될 확률이 높습니다. 왜냐하면 처음부터 자금에 의지했기 때문에 나중에 경쟁업종이 바로 옆에 출현하거나 IMF와 같은 예상치 못한 상황이 오면 그 힘든 상황을 풀어가지 못하게 되는 것입니다.

스피치로 바꾸어 말하면, 처음부터 원고에 의지해서 원고를 보면서 연습하게 되면 그만큼 내가 하고자 하는 음성 말하기에 집중할 수 없게 됩니다. 원고와 말하기 모두에 신경을 쓰느라 대중 앞에서 스피치를 풀어갈 힘이 덜 나오게 되는 것입니다. 처음부터 원고, 즉 종이에 의지하지 않고 목소리만 사용하여 독립적으로 연습하다보면 나중에 대중 앞에 섰을 때 어떠한 압박이 있더라도, 다양한 변수가 생기더라도 헤쳐 나갈 수 있는 큰 힘을 가지게 됩니다. 그래서 발표를 더 잘 할 수 있게 됩니다.

🎤 지갑에 돈이 없어서 불안합니다

다른 예를 들어볼까요? 주말에 시내에 갔습니다. 이때 제 지갑에는 카드도 없고 딱 현금 3,000원 밖에 없습니다. 그런데 누구를 만날 수도 있습니다. 이때 저의 마음은 어떻겠습니까, 불안하겠죠? 그럼 이 불안한 마음을 해결하기 위해서 청심환을 먹어볼까요? 아니면 신경 안정제를 복용해볼까요? 그것도 아니면 항우울성 신경약인 '인데놀'이나 '프로작'이라는 약을 먹어볼까요? 또는 자기 최면을 해볼까요?

이렇게 노력해봤자 나의 불안한 심리는 해결되지 않습니다. 아무리 심리 변화를 위해 노력해도 근본적은 불안은 해결되지 않는 것입니다. 근본적인 불안을 해결하기 위해서는 지갑에 실제로 돈을 넣어야만 합니다. 5만 원 짜리 2장 있으면 불안한 마음이 사라질 거고요, 5만 원 짜리 지폐가 20장 있으면 불안했던 마음이 오히려 자신감으로 바뀌게 됩니다. 발걸음에 여유와 힘이 들어갈 것입니다. 이해하셨습니까?

여러분, 제가 말하고자 하는 부분을 파악하셨나요? 바로 나의 심리는 실제 내용, 실제 사건, 팩트(Fact, 사실)에 의해서 결정되는 것입니다. 지갑이 두둑하면 불안한 마음은 생기지 않고 오히려 안정감이 드는 것입니다. 스피치로 말씀드린다면, 내가 말할 이야깃거리가 잘 정리되어 있고 잘 풀어갈 수 있을 것 같으면 마음이 불안하지 않게 되는 것입니다.

🎙 누군가 저에게 무례한 말과 행동을 했습니다

또 예를 들어드리겠습니다. 누군가 저에게 아주 심한 말을 했습니다. 그래서 마음은 흥분되어 있고 기분이 나쁜 상태입니다. 이 사실을 알고 주위에서 저를 토닥토닥 거려주고 좋은 말을 많이 해줍니다. "자네가 마음이 넓으니 이해해!", "오빠가 재미있으니까 농담을 한 거야!", "멋진 형님이 슬기롭게 해석하셔야죠." 이렇게 말입니다.

자, 과연 저의 기분 나쁜 감정과 흥분은 해결이 될까요? 안 됩니다! 이런 마음을 해결하기 위해서는 저에게 무례한 말을 했던 당사자와 이야기를 해서 풀어야 합니다. 그래야 나의 마음이 정리가 되는 것입니다. 즉, 현재 나의 심리는 실제 일어났던 사항에 의해서 결정되는 것입니다.

그렇기 때문에 이런 언짢고 흥분되는 심리적인 부분을 해결하려면 일어났던 사건을 건드려야 합니다. 그래야만 해결이 됩니다. 나에게 무례하게 말했던 사람에게 "아까 저에게 왜 그러셨어요? 저는 당신을 좋아하는데요.", "네? 제가 말이 헛나왔어요. 죄송해요." 또는 "뭘요? 아, 그거 농담으로 그런 거예요.", "아무리 그래도 그렇게 농담하면 좀 기분이 언짢을 수도 있겠어요.", "아, 그래요? 미안해요. 평소에 농담을 자주 하시니까 괜찮을 줄 알았어요." 등 이런 식으로 당사자와 풀어야 마음이 안정적으로 정리가 되는 것입니다.

🎤 현 심리는 최근의 스피치 성적을 따라온 것입니다

문제의 본질을 정확히 말씀드리면, 내가 말할 때 떨려서 발표를 못 하게 된 것이 아니라 최근의 발표를 스스로 만족할 만큼 풀어가질 못했기 때문에 스피치 불안이 따라온 것입니다. 문제의 본질을 정확히 파악하십시오. 나의 심리 자체에 신경 쓰기보다는 스피치 내용에 더 많은 신경을 쓰면서 말하다보면, 나의 심리에 집중해서 말할 때보다 말하기 내용에 신경을 더 쓰고 말할 때, 사람들이 더 공감하게 되고 인정하게 되어서 결국에는 불안이 아닌 자신감이 따라오게 되는 것입니다.

다시 말하면, 현재 느끼고 있는 발표에 대한 심리적인 상태는 최근이나 마지막에 발표했던 스피치에 따른 것입니다. 조금 더 구체적으로 말씀드리면, 지금 스피치에 대해서 부정적이거나 불안하게 생각이 든다는 것은 전의 발표에 문제가 있었다는 것입니다. 발표 떨림 그 자체에 문제가 있는 게 아니라 발표의 내용에 문제가 있었기 때문에 떨림 현상이 따라왔다는 뜻입니다. 스피치가 끝나고 나서 느꼈던 본인의 스피치 만족도에 따라서 불안이나 자신감의 증세가 2차적으로 얻어진 것입니다. 내가 주머니에 돈이 얼마가 있느냐에 따라서 불안 또는 안정, 자신감의 심리가 따라오는 것처럼 말입니다.

고로 나의 스피치 불안을 해결하기 위해서는 '떨고 안 떨고'에 초점을 맞추지 말고, 나의 스피치 내용에 대해서 초점을 맞춰야 합니다. 즉, 나의 잘못된 스피치 습관을 제대로 교정해야 한다는 것입니다. 3명 앞에서는 괜찮고 100명 앞에서는 떨리고, 편안한 사람들이나 아는 사람들 앞에서는 떨지 않지만 전혀 모르는 사람들 앞에서 이야기할 때는 떠는 등 외부적인 상황은 내가 불안하고 긴장하게 되는 원인이 아닙니다. 바로 나의 스피치 때문에 그런 증상이 나타나는 것입니다.

원인도 나의 스피치에 있고, 해결책도 나의 스피치에 있습니다. 자신감과 불안을 결정하는 중요한 정답은 바로 나의 스피치인 것입니다.

🎤 방향과 순서가 잘못되어 있습니다

우리는 무슨 일을 할 때 목적을 가지고 합니다. 스피치를 할 때도 목적이 있습니다. 크게 정보전달, 설득, 유흥(남들에게 즐거움을 제공)의 목적입니다. 목적을 달성하기 위해서는 방향이 바람직해야 됩니다. 이런 말도 있죠. '시계보다는 나침반을 봐라, 지금 얼마나 빨리 가고 있는지보다 올바른 방향으로 가는 게 더 중요하다'는 이야기입니다.

스피치 불안에 대해서 고민이 있는 분들이 스피치 학원에 와서는 뭐라고 이야기를 할까요? 스피치 불안을 가지고 있는 분들은 전부 이렇게 이야기

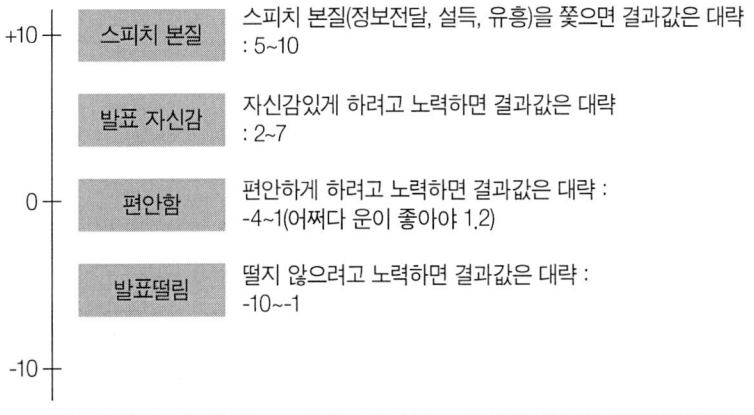

를 합니다.

"선생님, 저는 제발 떨지만 않았으면 좋겠습니다. 1대 1로 이야기할 때는 그래도 말 잘한다! 재미있다는 이야기를 가끔 듣는 경우도 있긴 한데, 대중 앞에서 이야기할 때는 항상 목소리가 덜덜덜 떨리고 얼굴이 붉어집니다. 뭐 저는 아나운서가 될 것은 아니니까, 말을 잘하는 것은 원하지도 않고 사람들 앞에서 제발 떨지만 않았으면 좋겠습니다."

이렇게 고민을 토로합니다. 여러분, 고민을 잘 살펴보십시오. 혹시 고민 사항에 어떤 문제가 있지는 않나요? 잘 봐보십시오. 다시 한 번 읽어보면 문제와 모순을 찾을 수 있습니다. 무슨 문제냐 하면……. 말씀드리겠습니다. 바로 고민의 목적입니다.

이 고민을 토로한 분의 목적은 떨지 않으려고 노력을 한다는 것입니다. 떨지만 않았으면 좋겠다는 것입니다. 불안하지 않으려고 노력하고 있는 것입니다. 노력의 방향이 잘 맞추어져 있습니까? 아닙니다. 노력 방향이 잘못되어 있습니다. 내가 무엇을 말할지 핵심을 정리해서 대중 앞에서 차근차근, 천천히 내가 하고자 하는 말에 집중해서 이야기를 하려고 노력해야 하는데, 나의 심리에 온 신경을 다 쓰고 있습니다.

지하철에서 물건을 팔려고 노력해야 하는데 승객들 앞에서 떨지만 않으려고 노력하고 있는 격입니다. 지하철에서 물건을 판매하는 분들, 자신감 있게 말씀 잘 하죠? 왜 그럴까요? 이분들이 스피치 학원에 와서 지하철 물건 판매에 대한 특수 교육이라도 받은 것일까요? 아닙니다. 스피치 교육을 안 받으신 분들이 대부분입니다.

스피치 교육을 받지도 않았는데 승객들 앞에서 필요한 말을 잘 하는 이유는 바로, 물건을 팔려고 하는 목적의식이 강하기 때문입니다. 지하철에서 물건을 판매하는 분들 중에서 물건을 팔려고 하는 분들은 떨 수가 없을 것이고, 지하철에서 물건에 대해서 말할 때 떨지 않으려고 하는 분들은 떨 수밖에 없는 것입니다.

돈이 없어서 불안하면 돈을 채워야 합니다. 스피치에 대해 불안하면 스피치를 채워야 합니다. 그 스피치 목적에 맞게 말이죠. 그럼 점차적으로 긴장하는 연사에서 자신감 있는 연사로 바뀌게 됩니다.

🎤 발표 불안의 원인 1차 정리 - 10가지

발표 불안의 원인을 따지기 시작하면 50가지는 물론 100가지까지도 나열할 수 있을 정도가 됩니다. 이렇게 원인이 많으면 해결하는 데 많이 헷갈리게 되고 노력 방향도 모호해지겠죠. 그래서 우선 열 가지로 먼저 정리를 하고 그 다음에 한 가지로 정리를 해 보겠습니다. 그러면 발표 불안 문제를 해결하는 데 더 쉽게 접근할 수 있을 것입니다. 그럼 스피치 자신감을 형성하는 데도 더 좋을 것입니다.

박상현 원장이 이야기하는 발표 불안의 10가지 원인은 다음과 같습니다. 아래 항목들이 플러스(+)에 해당하는 만큼 발표는 잘 되고요, 마이너스(-)에 해당하는 만큼 발표는 힘들어집니다. 그리고 힘든 만큼 심리도 불안정해집니다. 아래의 항목들을 차근차근 살펴보겠습니다.

0. 발표 성공 경험 +-
1. 등단 자세 +-
2. 스피치 목적의 강약 +-
3. 몰입도 정도 +-
4. 주제에 대한 스피치의 질 +-
5. 발표에 대한 쉬운 인식 +-
6. 준비 정도 +-
7. 밀도 있는 발표 경험 +-
8. 기 싸움 +-
9. 심신의 컨디션 +-

0. 발표 성공 경험 +-

발표 성공 경험이 많으면 많을수록 발표 자신감 역시 커집니다. 대중 앞에서 발표할 때 떨리는 문제를 해결하기 위해서는 떨렸던 기억, 못했던 기억 말고 발표에 대해서 어느 정도는 스스로 만족할 수 있는 성공 경험을 얻어야만 합니다.

그동안 대중 앞에서 발표할 때 떨었던 기억이 있고, 스스로 실패했다고 생각하기 때문에 이미 내 머릿속에는 발표가 부정적인 기억으로 크게 자리 잡고 있습니다. 이 기억을 없애려고 노력하는 것은 실효가 별로 없고, 새로운 발표에 대한 좋은 기억을 넣는 게 훨씬 효과적이고 해결의 속도가 빠릅니다.

새로운 기억은 바로 발표 성공 경험을 말합니다. 대중 앞에서 발표를 하고 난 후, 나도 스스로 만족하고 보람을 느끼고, 나의 발표를 들었던 청중들도 잘했다는 반응을 해주는 등의 발표 성공 경험이 있어야 됩니다. 그래야만 다음 발표에서 한 번 해 볼 수 있다는 자신감을 얻게 되는 것입니다.

그러므로 어떻게 보면 발표 불안을 해결하기 위해서는 기본적으로 장시간이 필요하지만, 동시에 주어진 한 번의 발표에 승부수를 띄우는 게 맞습니다. 폭넓은 여러 주제들에 대해서 자신감을 한 번에 가지려는 노력 말고, 주어진 주제 한 가지에 집중해서 승부를 내라고 말씀드리고 싶습니다. 한 가지 주제, 한 번의 발표에 있어서 모든 것을 총동원해서 짜릿한 발표 성공 경험을 가져야만 한다는 것입니다.

예를 들면, 디자인에 대한 면접을 볼 때 자신감을 가지려면 이 디자인에 대해서만 집중하고 준비해서 성공 경험을 갖는 게 중요하다는 이야기입니다. 디자인 면접인데 결혼식 사회 볼 때, 축배제의 할 때 등의 폭넓은 무대 자신감을 가지려고 한다면 노력은 모호해지고 성공 경험에 대한 결과의 질도 떨어지게 되어서 별로 효과가 없게 됩니다. 여러분, 주어진 한 가지 발표에 승부수를 띄우시기 바랍니다.

1. 등단 자세 +-

등단 자세! 등단 자세가 좋은 만큼 발표는 잘 됩니다. 지하철에서 물건을 판매하는 분들은 물건을 꼭 팔아야겠다는 마음을 가지고 승객들 앞에 서기 때문에, 그런 등단 태도를 가지고 있기 때문에 큰 목소리를 내며 이야기도 잘 하는 것입니다. 어떤 압박이 있더라도 밀고 나갈 수밖에 없는 것입니다. 아까도 언급했듯이 지하철에서 물건을 판매하려고 하는 사람은 떨 수가 없을 것이고, 지하철에서 물건에 대해서 이야기를 하려고 할 때 떨지 않기 위해 노력하는 사람들은 떨 수밖에 없는 것입니다. 즉, 등단 자세가 강하면 강할수록 발표를 잘 할 수 있게 됩니다.

2. 스피치 목적 +-

　스피치 목적에 대해서 살펴보겠습니다. 스피치 목적이 강한 만큼 발표를 잘 할 수 있습니다. 역시 지하철 물건 판매를 예로 들어보겠습니다. 오늘 물건을 팔지 못해서 현금을 못 가져가면 집에 전기가 끊길 수도 있고, 사랑하는 우리 아기 분유 값을 못댈 수도 있습니다. 꼭 팔아야만 합니다. 그래서 지하철에서 물건을 팔다가 아는 사람을 만나더라도 민망해하지 않고 물건에 대해서 이야기하는 데 전혀 문제가 되지 않는 것입니다. 목적의식이 강한 만큼 발표를 잘 할 수 있고, 떨릴 틈이 없게 됩니다.

3. 스피치 몰입도 +-

　이번에는 스피치 몰입도에 대해서 이야기를 해드리겠습니다. 스피치 몰입도 역시 깊으면 깊을수록 발표를 잘 할 수 있습니다. 스피치를 할 때, 목적의식의 강도만큼 몰입도는 자동적으로 따라오게 됩니다. 사람이 대중 앞에서 별로 떨지 않을 때가 있습니다. 여러분, 어떤 때가 있을까요? 쉽게 생각할 수 있는 상황으로는 소주를 마셨을 때죠. 소주 한 병 정도 먹고 노래방에서 사람들 앞에서 노래를 부르면, 평소에는 너무 떨려서 도저히 앞에 나갈 수 없을 것 같았는데 그래도 부르실 수는 있죠? 왜 그럴 수 있습니까? 바로 술에 취해있기 때문입니다.

술에 '취하다', 어떤 일에 '몰두하다', '미치다', '집중하다' 모두 다 똑같은 이야기입니다. 원리는 취하면 되는 것입니다. 술에 취해서 발표나 노래를 할 필요 없이, 나의 스피치와 노래에 취하면 됩니다. 나의 스피치에 집중하면 됩니다. 스피치의 목적의식이 강한 만큼 몰입도는 따라오고, 몰입도가 좋은 만큼 발표 불안은 반비례한다고 생각하시면 됩니다.

4. 주제에 대한 스피치의 질 +-

주제에 대한 스피치의 질이 좋은 만큼 발표는 잘 됩니다. 질(quality)이라고 해서 거창하게 생각할 게 아니고요, 해당 주제에 대해서 내용을 얼마나 준비했는지, 그리고 듣는 사람들을 위하여 얼마나 성의 있게 열심히 말하는지가 여기서 이야기하는 질입니다.

내용을 잘 준비하고 듣는 사람들을 위하여 열심히 말한다면, 웬만해서는 듣는 사람들이 공감하고 인정을 해줍니다. 남들이 인정해주는 만큼이 스피치의 질이고 나의 실력이기 때문에, 일단 열심히 말해야 됩니다. 화자가 말하는 데 발음 한 번 엉켰다고 멈칫멈칫 하고, 떨리니까 빨리 대충 이야기하고 무대에서 내려오려고 하고. 이런 식으로 발표를 열심히 하지 않으면 안 됩니다. 내가 힘들더라도 듣는 사람들을 위하여 말을 열심히 해야 합니다. 이렇게만 하려고 해도 이 발표는 실패 경험으로 이어지지 않습니다. 곧 발표 불안으로 이어지지는 않는다는 이야기입니다.

대부분 발표 떨림 때문에 고민하시는 분들은 한 주제에 대한 자신감을 목적으로 하는 것이 아니라, 모든 범주의 스피치 주제가 나오더라도 떨지 않으려고 하는 바람과 목적을 가지고 있습니다. 그런데 이 접근은 그리 좋은 전략이 아니고 사람을 지치게 합니다. 불규칙적이고 거대한, 정말 수많은 스피치 주제에 대해서 모두 다 자신감을 가질 수 있도록 하려면, 그리고 잘 하려고 한다면 노력 범위가 너무 광범위해져서 접근 방법도 모호해지고 결과도 쉽게 나오질 않습니다.

정리해서 말씀드리면, 주제를 한 가지를 정해놓고 그 주제에 대한 스피치 내용을 준비하라는 것입니다. 그 후 소리 내어 연습하면 노력한 만큼 발표를 잘 할 수 있게 됩니다.

5. 발표에 대한 쉬운 인식 +-

발표에 대해서 쉽게 생각하는 만큼 발표는 잘 되고, 어렵게 생각하는 만큼 발표는 어려워지게 되어 있습니다. 우리는 흔히 TV에 나오는 연예인들은 무대에서 항상 자신감 있게 말을 잘 한다고 생각합니다. 하지만 모두 다 그런 것은 아닙니다. 겉으로는 티가 안 나지만 속으로 떠는 사람들도 많습니다.

모 개그맨의 이야기인데요. 모 개그맨은 실력 있는 개그맨이어서 수년전에는 지상파 방송, KBS, MBC, SBS에 모습을 잘 드러내곤 했었는데요, 서서히 지상파 방송에 잘 나오지 않게 되었습니다. 그래서 국내의 한 방송 프로그램에서는 몇몇 연예인들이 실력은 좋은데 지상파 방송에는 잘 못 나오고 케이블 방송만 전전하는 것을 소재로 한 방송이 진행되었습니다. 제목은 〈심폐소생술이 필요한 연예인들〉이라는 토크쇼였습니다.

이 프로그램을 진행하는 MC들 중에 방송인 김구라 씨가 있었는데요, 게스트들이 왜 지상파 방송에 잘 못나오는지에 대해서 짧게나마 본인 생각을 이야기했습니다. 김구라 씨는 게스트들 중 후배 개그맨에게 한 마디 했습니다. 말한 내용은 그 후배 개그맨은 정통 코미디언 출신이라서 항상 기승전결이 있는 개그만 하려고 하다보니까 구성하는 시간도 오래 걸리고, 부담도 되고, 그러다보니까 웃겨야 할 타이밍도 잘 못 잡는다는 것이었습니다. 김구라 씨가 예리하게 분석을 잘 한 것입니다. 맞는 말입니다.

우리도 대중 앞에서 스피치를 할 때 말을 멋있게 하려고 하고, 기승전결 구성이 완벽한 스피치를 구사하려고 하는 은연중의 과한 의식 때문에 스피치가 어렵게 느껴지는 것입니다. 괜히 본인만의 발표 허상을 만들어 놓고 거기에 나의 스피치를 페어 맞추려고 하다보니까 힘든 것입니다.

꼭 말을 아나운서처럼 하고 화려한 어휘를 사용해서 하는 것만이 스피치를 잘 하는 게 아닙니다. 듣는 사람들을 위하여 스피치 목적에 맞는 마음을 실어서 정성껏 말을 완료하는 사람들이 스피치를 잘 하는 것입니다. 발표의 정석이라는 틀에 나의 스피치를 맞추려고 하다보니까, 또 어떻게 보면 형식에 나를 맞추려고 하다보니까 발표가 힘든 것입니다.

우리나라에서 영어를 공부하는 사람들 보십시오. 10년 이상 영어공부를 했고, 영어 학습에 들인 돈만 1000만 원이 넘습니다. 그런데 막상 원어민을 만나면 기본적인 의사소통 밖에 못 하는 사람이 태반입니다. 어떤 경우에는 아예 말(영어)도 못 하는 경우도 있습니다. 안타깝죠?

공부를 이렇게 많이 했는데 왜 이런 상황이 나타날까요? S+V+O, 목적격 보어……. 등 이런 형식에만 너무 치우쳐서 공부하다보니까 그런 사태가 나오는 것입니다. 그래도 이제는 국가 차원에서도 뭐가 더 중요한지 고민하고 사회 분위기도 많이 바뀌어서 올바른 교육 정책이 형성되고 있는 흐름이어서 그나마 다행이긴 합니다. 그래서 지금은 영어로 말을 잘 하는 사람이 많아졌지만, 불과 몇 년 전까지만 해도 이런 모습이 현실이었습니다.

스피치 학원에 오는 분들도 형식을 너무 많이 따집니다. 형식을 아예 따지지 말라는 이야기가 아니라 본질부터 먼저 추구하고 그 다음에 형식을 다듬어서 더 많은 사람들이 공감할 수 있도록 스피치 실력을 가꾸는 게 더 중요하다는 이야기입니다. 스피치를 어렵게 생각하지 말고 쉽게 생각하십시오. 핵심만 말하면 되는 것입니다. 괜히 거창하게, 길게, 많이 말하려고 하지 마십시오. 핵심만 정확하게 열심히 말하고 연단에서 내려오면 되는 것입니다.

꼭 말을 많이 하고 길게 한다고 스피치를 잘 하는 것은 아닙니다. Kiss 법칙 나라원, 7일만에 말을 잘 하게 되는 책, 116쪽~117쪽에 해당 내용이 나와 있습니다. 'Keep it simple and short = Less is more = 스피치는 짧게 하는 것이 오히려 효과가 크다.'는 이야기입니다. 영국의 처칠 수상은 모교에서 이야기할 때 그저 딱 세 문장만 이야기하고 내려왔다는 일화도 있습니다. "Never give up!(절대 포기하지 말라!) Never give up! Never give up!"[1]

여러분, 스피치에 대해서 너무 어렵게 생각하지 말고 쉽게 생각하십시오. 해당 주제에 대해서 핵심만 말한다고 생각하십시오. 결론만 짧게 말하고 내려온다는 생각으로 하십시오. 그럼 불필요한 부담을 느끼지 않게 될 것입니다. 내가 지금 준비되어 있거나 입이 풀린 정도는 5인데, 9로 말을 하려고 하면 당연히 부담이 되고 소화하지 못할까봐 불안하게 되는 것이죠. 화자가 알고 있는 범주에서 최선을 다해서 말하는 태도가 청중들을 공감시킵니다. 정리를 해드리면, 스피치에 대해서 쉽게 생각하는 만큼 발표를 잘 할 수 있습니다.

6. 준비 정도 +-

발표 준비를 많이 하는 만큼 발표는 더 잘됩니다. 그런데 눈으로 준비하는 건 바람직한 준비가 아니라고 앞에서 말씀드렸습니다. 대중 앞에서 자신감 있게 하려면 입으로 소리를 내서, 즉 음성언어로 다섯 번 정도 리허설을 해봐야 합니다. 그러면 대중 앞에서 자신감 있게 발표를 잘 할 수 있습니다. 바람직한 준비를 많이 한 만큼 발표를 더 잘 할 수 있다는 말입니다.

7. 밀도 있는 발표 경험 +-

밀도 있는 발표 경험이 많은 만큼 발표를 잘 할 수 있고, 경험이 없으면

---

1) 마츠모토 유키오, 『7일 만에 말을 잘 하게 되는 책』, 나라원, pp.116~117

발표하기가 힘들어지겠죠. 발표 경험에 대해서 살펴보겠습니다. 발표 경험을 대충 쌓으면 스피치 연습을 1년을 하든 2년을 하든 발표 자신감은 그다지 형성되지 않습니다. 조금 더 치밀하게 준비해서 대중 앞에서 말할 때도 열심히 풀어나가려는 노력을 해야 합니다. 그럼 짧은 발표만 몇 번 경험하고도 자신감의 일취월장을 기대할 수가 있습니다.

발표할 때의 밀도 기준을 10으로 보았을 때 5 정도 노력하면 그다지 좋은 발전을 이룰 수가 없고요. 7 정도 이상으로 노력해야 발표 경험을 가질 때마다 좋은 발전을 이룰 수 있습니다. 반대로 3이나 4 정도로 노력하면 발표를 경험할 때마다 스피치는 더욱 더 어렵게 생각되고, 대중 앞에서 더욱 더 떠는 등 좋지 못한 흐름의 늪에 빠지게 됩니다.

중요한 것은 실제 발표할 때 내가 얼마나 열심히 풀어나가려고 하는지의 발표의 밀도가 중요하다고 할 수 있습니다. 흔히 생각할 때는 발표 경험을 쌓는 만큼 발표를 잘 할 수 있다고 생각하는데요. 발표를 정말 치밀하게 준비해서 차근차근 풀어가는 노력의 밀도 높은 발표 경험을 가진다면 짧은 기간에도 발표 자신감을 많이 형성할 수 있습니다.

8. 기 싸움 +-

기 싸움을 잘 하는 만큼 대중 앞에서 기죽지 않고 내가 말하고자 하는 바를 제대로 이야기할 수 있습니다. 청중과 굳이 기 싸움을 하자는 것이 아니라 발표 시 청중들의 압박을 너무 크게 느껴서 진행에 방해를 받으면 안 된다는 의미입니다.

기 싸움을 잘 하기 위해서는 청중들을 무시하거나 나의 자아존중감(self-esteem)을 높이면 됩니다. 나의 자아존중감이 10으로 보았을 때 3 정도가 된다면, 7 정도가 되는 청중 앞에서는 기죽어서 벌벌 떨게 되어 있습니다. 혹시 화자 본인에게 콤플렉스가 있다면, 그 콤플렉스를 빨리 해결하거나 받아들이는 등의 정리를 해서 상대적으로 나의 자아존중감을 높일 필요가 있습니다.

제가 도전 노트를 한창 벌일 때(지금도 도전노트는 작성하고 있습니다), '전국적으로 TV 방송에 내 얼굴을 나오게 해보자'는 도전을 한 적이 있습니다. 이때 방송국에서 녹화에 참여하고 있을 때, 며칠 전부터 마음먹고 방송국부터 무시하고 심리를 단련시켜놓았습니다. 그랬더니 개인기를 편하고 자신감 넘치게 할 수 있었습니다. 여러 잘나가는 연예인들과 스텝들을 포함해서 대략 30~50명 정도가 있었는데도 말이죠. 물론, 제가 너무 목소리 크고 강하게 이야기를 해서 부담스러웠는지 제 개인기는 다 편집되고 그냥 웃는 모습만 3~4초 정도 나왔습니다.

자! 대중의 기에 눌리지 않고, 대중 앞에서 말을 편안하게 하고 싶다면 나의 자아존중감을 높이거나, 청중들을 무시하거나, 또는 아예 내가 말하고자 하는 내용에만 초 집중해 보세요. 그러면 발표가 조금 더 쉬워집니다.

9. 심신의 컨디션 +-

심신의 컨디션에 대해서 살펴보겠습니다. 내 컨디션이 좋은 만큼 발표는 잘 되고 컨디션이 좋지 않은 만큼 발표는 어려워집니다. 우리는 보통 한 사람을 만나러 갈 때도 그 전날 숙면을 취하려고 노력하고 피부도 생각하며 컨디션 조절에 힘씁니다. 그런데 500명 앞에서 프레젠테이션을 하러 가는 날인데 그 전날 3시간 잔다거나 술을 마신다면 어떻게 될까요? 컨디션이 좋지 않기 때문에 말할 때 발음이 엉키거나 집중력 있는 발표를 할 수 없습니다. 정말 적절한 표현도 생각보다 잘 나오지 않게 됩니다. 그러므로 중요한 발표가 있다면 꼭 컨디션을 잘 조절해서 발표를 성공 경험으로 이끄는 것이 중요합니다.

🎤 발표 불안의 원인과 해결책 정리

지금까지 발표 불안의 원인과 해결책 10가지에 대해서 차례대로 살펴보았습니다. 이제는 이 10가지의 원인과 해결책을 조금 더 쉽게 정리해드리도록 하겠습니다. 발표 불안의 원인을 꺼내기 시작하면 무려 100가지도 말할 수 있다고 앞서 말씀을 드렸는데요, 그러면 여러분께서 어떻게 노력을 해야되는지 헷갈리게 될 것입니다. 이러한 혼란을 방지하기 위해 딱 1가지로 정리를 해드리겠습니다. 앞으로 나올 내용도 역시 주의깊게 읽어주시기 바랍니다.

발표 불안의 원인을 한 문장으로 정리하면 다음과 같습니다. '잘 못 풀어가다'입니다. '잘 못 풀어갔던 적들이 있었거나, 잘 못 풀어갈 것 같은 생각이 들거나, 잘 풀어갈 수 있는 준비를 덜 했거나, 준비 방법이 올바르지 않거나 또는 준비를 많이 했다고 할지라도 발표 시 열심히 발표를 안 하거나 못 하거나' 모두 포함됩니다.

차근차근 말씀 드리면, 스피치를 잘 못 풀어갔던 적들이 있어서 그 기억에 지배를 당하고 있는 것입니다. 흔히 이를 발표 트라우마라고 하죠. 또는 해당 주제에 대해서 스피치를 잘 못 풀어갈 것 같은 생각이 드는 순간 불안한 마음이 바로 들게 됩니다. 그리고 해당 스피치 주제에 대해서 발표 준비를 덜 했거나 준비를 많이 했더라도 준비 방법이 잘못된 경우도 있습니다. 막상 발표를 할 때 스피치에 대한 목적의식 없이 열심히 발표를 안 하기 때문이기도 합니다. 본인의 발음이 한 번 엉켰다고 실망을 해서 대충 하려고 하고, 흐지부지 되고, 또 떨리니까 빨리 말하고 내려오려고 하는 형태가 있기 때문에 발표 불안이 계속되는 것입니다.

그렇다면 잘 풀어간다는 것은 어떤 의미일까요? 무엇인지 설명 드리겠습니다. 예를 들어서 어떤 사람이 회사 면접을 본다고 했을 때, 아나운서처럼 목소리가 좋고 발음은 좋은데 열정과 내용 없이 말을 합니다. 다른 사람은 목소리나 발음은 보통인데, 이 일을 어떻게 해나갈지 전문성이나 의식, 열정이 많이 담긴 내용을 가지고 말을 합니다.

면접관의 입장이라면 어떤 사람을 뽑겠습니까? 후자인 사람을 뽑겠죠. 물론 직무 분야에 대한 지식과 열정도 많으면서 아나운서처럼 말을 잘하면 금상첨화겠죠. 면접 질의응답 시 스피치를 잘 풀어가는 형태는 바로 그 일에 대한 열정과 전문성을 바탕으로 진실하게 열심히 말을 하는 형태입니다.

또 예를 들어볼게요. 어떤 등산모임에서 모두가 다 덕담을 해야 하는 자리가 생겼습니다. 이때, 덕담을 할 때는 덕담을 들은 사람들이 정말 공감할 수 있도록 해야 합니다. 항상 안전하고 즐거운 등산이 될 수 있도록 그들의 안전을 위해 진실한 마음을 실어서 표현해야 합니다. 이게 바로 스피치를 잘 풀어간다는 것입니다.

잘 풀어가기 위해서는 대중 앞에서 말할 때 천천히 말하는 게 좋을까요? 빨리 말하는 게 좋을까요? 잘 생각해본다면 천천히 말을 할 때 풀어가기가 더 좋습니다. 목적의식이 강한 게 풀어가기가 좋을까요, 목적의식이 없는 게 풀어가기가 좋을까요? 역시 잘 풀어가기에 좋은 방향은 목적의식이 강한 쪽입니다. 그만큼 수단과 방법을 가리지 않고 힘을 내니 잘 풀어갈 수 있는 것입니다. 핵심을 건드리는 게 풀어가기가 좋을까요, 아니면 비핵심을 건드리는 게 풀어가기가 좋을까요? 핵심을 건드리는 게 풀어가기가 더 좋겠죠. 그리고 호흡량이 많은 상태가 풀어가기에 좋을까요, 호흡량이 적은 상태에서 말을 하는 게 풀어가기가 좋을까요? 역시 호흡량이 많은 상태에서 풀어가는 게 더 좋을 것입니다. 호흡량이 부족한 상태에서 많은 말을 하려면 문장 후반부에는 호흡량이 부족해서 소리를 내는 데 힘이 들겠죠. 또한 내가 말을 화려하게 하는 게 풀어가기가 좋을까요? 소박하고 검소하게 하는 게 풀어가기가 좋을까요? 소박하고 검소하게 말 하는 게 풀어가기가 더 좋습니다. 그리고 스피치 내용에 맞게 마음을 많이 실어서 말을 하는 게 풀어가기가 좋을까요? 아니면, 마음을 싣지 않고 말을 하는 게 풀어가기가 좋을까요? 역시 그 내용에 맞는 마음을 많이 실어서 말을 하는 게 더 잘 풀어갈 수가 있게 됩니다.

정리를 하자면, 해당 주제에 대해 말을 잘 풀어가기 위해서는 목적의식을 가지고, 천천히 말을 하고, 마음을 많이 싣고, 낮은 포복으로 소박하고 진지하게 핵심을 이야기하려고 해야 합니다. 그래야 청중들도 인정하는 좋은 스피치가 나오게 됩니다. 청중에게 인정받고 긍정적인 반응을 얻으면, 그 다음 발표 때는 미세하게나마 어렵지만 해볼 수 있겠다는 심리로 변화합니다. 발표 자신감이 생기는 것입니다.

발표 자신감이 많이 형성되는 만큼 발표 불안은 당연히 밀려납니다. 스피치 목적에 맞게 스피치를 잘 풀어가려고 노력하면, 점점 나도 만족하고 청중들도 인정하는 발표 성공 경험의 횟수가 많아지고 성공 경험의 질도 높아지게 됩니다. 그럼 나는 어느덧 연단과 무대가 즐거워지기 시작하고 무대를 즐기게 됩니다.

한 가지 중요한 사항을 알아두셔야 하는데요, '발표 불안'이라는 표현을 스스로 언급할 때까지는 절대 무대 공포를 해결할 수 없습니다. 그 표현을 언급하지 않게 될 때 비로소 극복할 수 있습니다. 듣는 사람을 위하여 '스피치 내용'에 신경을 썼을 때, 비로소 불안감은 자신감으로 바뀌게 됩니다.

🎤 스피치를 풀어가는 자가 훈련법

아래에 스피치를 잘 풀어갈 수 있도록 스스로 연습할 수 있는 다양한 스피치 주제들을 나열해 놓았습니다. 하루에 한 가지 주제를 가지고 연습해 보세요. 내 앞에 지금 많은 대상들이 있다고 생각하고 휴대폰에 있는 녹음 기능을 활용해 연습해보면 능력 향상에 아주 좋습니다. 그리고 나의 스피치를 녹음해서 꼭 들어보는 것이 중요합니다. 안 들어보면 불안을 야기하는 나의 아쉬운 습관들이 교정되지 않습니다.

그리고 대중 앞에서는 꼭 알맹이만 말하려고 하는 경우가 있는데, 내가 생각하는 과정까지 스스럼없이 다 이야기해도 됩니다. 예를 들면 주제가 '내가 좋아하는 계절'이라고 한다면, "내가 좋아하는 계절에 대해서 말씀드리겠습니다. 내가 좋아하는 계절은 음……." 이렇게 말하면 흐름이 끊기게 되고 그 다음 할 말이 쉽게 생각나지 않아서 막히게 됩니다. 그러므로 천천히 말하는 게 좋습니다.

청중들에게 질문을 해도 괜찮습니다. 내가 좋아하는 계절을 빠른 시간 안에 꼭 답을 해야 하는 것은 아닙니다. 생각이 나지 않으면 주제에 대해 이야기할 때 필요한 멘트들을 다른 이야기를 하는 동안 생각하면 되는 것입니다. "내가 좋아하는 계절에 대해서 말씀드리겠습니다. 내가 좋아하는 계절은…… 잠시 후에 알려드리고요, 여러분이 좋아하는 계절은 무엇인가요?"라고 청중들에게 물어보면서 생각할 시간을 벌어도 됩니다. 또한 계절을 나열하면서 원하는 생각을 끌어낼 수도 있습니다. "내가 좋아하는 계절에 대해서 말씀드리겠습니다. 저는 발표자 조인성입니다. 혹시 여러분은 좋아하는 계절이 있나요? 우리나라는 사계절이 있죠. 봄, 여름, 가을, 겨울입니다. 저는 이 사계절 중 지금이 봄이니까 오늘은 봄을 선택하겠습니다"

이런 식으로 말하기 연습을 할 때 다음 할 말이 생각나지 않는다고 아무 말 없이 입을 다물고 생각하면 사람들의 압박이 서서히 와서 심리적으로 힘들어집니다. 말을 하면서 주제와 관련된 일화나 소재를 생각해내는 게 더 좋습니다. 이렇게 스피치를 잘 풀어가는 연습을 하면 나의 불안을 감소시키는 데 아주 좋습니다. 꼭 한 번, 하루에 한 가지씩 연습해보시기 바랍니다.

〈스피치 풀어가기 자가 훈련 주제〉

주제 1- 새해 결심은 잘 되고 있나요?
주제 2- 대한민국에 바라는 점
주제 3- 버리고 싶은 나의 단점
주제 4- 올해 꼭 필요한 것 두 가지
주제 5- 봄이 오면 가보고 싶은 곳들
주제 6- 봄이 오면 해보고 싶은 것들
주제 7- 스피치 할 때 가장 힘든 점
주제 8- 나의 정리 노하우
주제 9- 이번 겨울에 여행간 곳
주제10- 나를 더 사랑하는 방법
주제11- 나의 좌우명은 무엇인가요?
주제12- 우주여행은 언제쯤 대중화가 될까요?
주제13- 내가 더욱더 매력 있는 사람이 되려면 어떤 노력을 해야 될까요?
주제14- 술에 대해서

주제 1- 냄비 근성

주제 2- 학창시절의 추억

주제 3- 내가 한 아르바이트 중 가장 기억에 남는 일

주제 4- 이번 겨울에 여행 간 곳

주제 5- 3월 소원 한 가지

주제 6- 지하철 꼴불견

주제 7- 내가 끊지 못하는 것(술, 담배 등)

주제 8- 나는 부모님께 효도를 잘 하는 편인가?

주제 9- 건배 제의 한 번 해보세요

주제10- 내가 재미있게 보는 예능 프로그램

주제11- 청년 실업에 대한 나의 의견

주제12- 로또 1등에 당첨되어서 100억 원이 생긴다면 이 돈을 어떻게 활용할 것인가?

주제13- 요즘 내 삶에서 힘이 되는 일

주제14- 남북통일은 언제쯤 이루어질까요?

주제 1- 내가 좋아하는 차(녹차, 둥글레차 등)

주제 2- 요즘 나의 좋아진 점

주제 3- 노래를 잘 하려면 어떤 노력이 필요한지 자세히 알려주세요

주제 4- 유기견에 대한 나의 생각

주제 5- 인생이란 무엇입니까?

주제 6- 봄

주제 7- 3.1절

주제 8- 내가 했던 선행

주제 9- 부러움을 느낀 대상

주제10- 나의 치유 스타일

주제11- 짬뽕VS자장면

주제12- 이성에게 이별을 고하는 방법

주제13- 짝사랑

주제14- 나의 인간관계 스타일

주제 1- 어렸을 때에 일어났던 내 평생에 영향을 끼친 사건

주제 2- 인내심을 키우는 나만의 노하우

주제 3- 가장 인상 깊었던 공연(콘서트, 연극, 뮤지컬 등)

주제 4- 부모님의 뜻을 거스른 경험

주제 5- 친구와 다투었을 때 화해법

주제 6- 내가 받은 기억에 남는 상(장)

주제 7- 자신의 얼굴이 마음에 드시나요?

주제 8- 자신 있는 장기 혹은 개인기

주제 9- 가장 와 닿는 사자성어 혹은 속담은?

주제10- 내가 아는 멋진 프로포즈

주제11- 남들을 도왔던 경험

주제12- 남에게 도움을 받았던 경험

주제13- 나를 밤 새게 하는 것들(게임, 공부, 독서, 애인과의 통화)

주제14- 최근에 절제해본 것들

🎤 발표 성공 사례

• 금융업에 종사하고 계시는 이상민 씨(45세)

보통 한국 사람들은 짝수보다 1이나 3과 같은 홀수를 좋아 한다고 합니다. 하지만 저는 2라는 숫자를 가장 좋아합니다. 왜냐하면 초등학교, 중학교, 고등학교, 심지어 대학에서도 1학년 때보다는 2학년 때 성적이 좋았고 친구들하고도 잘 지냈습니다. 왜 그랬을까요?

내성적인 성격 때문에 처음에는 친구들을 잘 사귀지 못하였으나, 나름 착한 성격이라 천천히 친구를 하나하나 만들어 가고, 가급적 적을 만들지 않으려고 노력했습니다. 그러다보니 첫 해는 다소 주눅이 들어 생활하다가 어느 정도 환경에 적응되는 이듬해부터는 제 실력을 발휘할 수 있게 되었습니다.

하지만 공부를 곧잘 했는데도 초, 중, 고등학교를 다니면서 한 번도 반장이나 부반장을 하지 못했습니다. 제가 하겠다고 나서지 않아서일 수도 있지만 주위 친구들도 저를 추천하지 않았습니다. 사실 한 번쯤은 반장을 하고 싶었으나 하지 못한 게 지금도 다소 아쉬움으로 남습니다. 더욱 아쉬운 일은 중학교 3학년 때, 사회부장에 선출된 적이 있습니다. 당시 반장, 부반장, 부장 등의 간부 이름을 예쁘게 종이에 써서 뒷 칠판에 붙여 놓았습니다. 그런데 미화부장의 실수로 제 이름이 빠져있었습니다. 그냥 미화부장에게 '내 이름 빠졌으니 넣어 달라'고 하면 될 것을 아무 말도 못하고 1년 동안 벙어리 냉가슴만 앓고 있었습니다. 참으로 바보 같았다는 생각이 듭니다.

대학시절의 꽃인 미팅할 때도 마찬가지였습니다. 예전에는 과팅이 유행할 때였습니다. 보통 5~6명씩 남녀가 만나 함께 자유롭게 얘기를 나누다가 학력고사팅, 사랑의 짝대기 등으로 짝을 정해서 쪼개지는 것이었습니다. 근데 항상 저는 후순위였습니다. 이유는 간단했습니다. 과팅을 하는 동안 자기소개만 하고 한마디도 안 하고 있으니 여학생들에게 선택받기는 당연히 어려웠을 것입니다.

스스로 생각하기에 어렸을 때 책을 많이 읽지 않아 아는 게 없어서 자신감이 떨어져 그런 것이라고 생각했습니다. 그런데 그게 아닌 것이 내가 잘 아는 주제로도 대화를 이끌어가지 못하는 것이었습니다. 다른 사람들이 어떤 주제에 대해서 얘기를 할 때면, 저는 주로 듣게 되고 맞장구만 칠 수 있었습니다. 이는 리더십이 부족했기 때문입니다.

그럭저럭 학교를 졸업하고 회사에 취직했습니다. 2남 1녀의 막내로 태어나 귀여움을 받으면서 자랐기 때문에 막내 생활은 더할 나위 없이 잘 한 것 같습니다. 윗사람이 시키는 대로 예의바르게 생활을 했기 때문에 별 어려움이 없었습니다. 하지만, 나이가 들어 유통회사 팀장으로 회사를 옮기게 되었습니다. 유통회사는 전에 다니던 통신회사와는 다르게 상당히 하드하고 헝그리한 분위기였습니다. 특히 처음 경험해 보는 유통회사에서 팀장을 하다 보니, 기존 유통 직원들을 통솔하면서 본부장과의 코드도 맞춰야 하는 어려움에 처하게 되었습니다.

나름 회사의 허니문 기간이 끝나는 입사 후 3개월이 지난 후부터는 본부장의 challenge가 시작되었습니다. 유통회사 특성상 그날그날의 실적에 따라 편하게 다니기도 하고 인간 이하의 취급을 받으면서 다니기도 하였습니다. 특히 매주 월요일 오전 9시부터 하는 본부장 주관의 팀장회의는 그야말로 지옥과 같은 시간이었습니다. 한 마디 농담도 없이 바로 회의를 시작하여 팀마다 돌아가면서 주간 실적을 보고하고 본부장의 피드백을 받는데, 항상 한 팀을 타겟으로 반 죽여 놓았습니다. 저는 팀장 중에 막내 팀장이라 보통 맨 마지막에 보고를 하는데, 앞에 험악한 분위기가 되면 제 보고가 끝날 때까지 숨도 쉬기 힘든 고통의 시간이었습니다. 그러다보니 월요일 새벽에 눈을 뜨면 회사에 너무너무 가기 싫어서 정말 죽고 싶은 심정이었습니다. 하느님이 하루 특별 휴가를 주신다면 오늘이었으면 좋겠다는 생각뿐이었습니다.

도저히 이런 나날을 보낼 수 없다고 결심을 하고 스피치 학원을 알아보기로 했습니다. 인터넷으로 검색해보니 대부분 스피치 학원을 통해 자신감도 되찾고 발표력도 향상되었다는 것이었습니다. 집은 경기도이지만 회사는 서울로 다니고 있었기 때문에 서울을 중심으로 알아보던 차에 눈에 띄는 학원이 있었습니다. 커리큘럼도 다양하고 가격도 상대적으로 저렴하여 밑져야 본전이라는 생각으로 수강 신청을 하였습니다. 나름 새로운 도전을 한다는데 대한 막연한 두려움과 설렘이 있었지만 가급적 빠지지 않고 열심히 다니기 시작했습니다. 복식호흡, 발성연습, 자기소개, 지하철 상품 판매, 슬로우 스피치 등 수개월 동안 동일한 수업을 3~4번 반복해서 들으면서 내 것으로 만들기 위해 노력했습니다. 이제는 배움에 대한 갈망보다 수업 자체에 즐거움이 생겼습니다. 수업이 내가 좋아하는 취미 생활을 하는 것과 같이 그 자체만으로 즐거운 것입니다. 그러다보니 평일에도 일찍 끝나는 날이면 어느새 학원으로 발길을 향하고 있는 나를 발견할 수 있었습니다. 주말에도 최소한 하루는 학원에 가서 좋은 기를 받아 오고자 노력하고 있습니다. 받아 온 기로 일주일 동안 활기차게 생활할 수 있는 힘이 되고 있는 것 같습니다. 이제는 발표를 할 때 학원에서 배운 심호흡을 하면서 숨을 고르고 천천히 말을 하면서, 빠른 시간 내에 안정감을 찾아가고 있습니다. 또한 발표 전 약간의 떨림이 오히려 집중력을 높이고 실수를 하지 않는 힘이라 생각할 정도로 여유가 생겼습니다. 스피치는 무덤에 들어갈 때까지 살아가는데 가장 필요한 스킬이고, 그로 인해 생기는 자신감은 생활을 더욱 윤택하게 만들어 준다고 믿어 의심치 않습니다. 또한 학원에서는 다양한 연사님들을 만날 수 있습니다. 어린 중학생부터 환갑이 넘은 분까지, 정말 다양한 연사님들의 얘기를 들을 수 있습니다. 여러모로 스피치 학원을 다니고 있는 것은 제 인생에서 손꼽을 정도로 잘한 일임에 틀림없습니다.

• 노래 강사 장두식 씨(62세)

저는 말을 조리 있게 잘 못하고 대중공포증이 심해서 일하는데 어려움이 많았습니다. 그러다가 우연히 알게 된 드림 스피치 학원에 용기를 내서 등록을 하고 열심히 공부했습니다. 처음에는 많이 떨고 갈피를 못 잡아서 강사님들에게 지적도 많이 받고 했었는데, 모든 걸 다 내려놓고 지적해준 사항을 마음에 새기고 연습을 많이 했습니다. 그렇게 몇 개월 열심히 하다보니까 강사님들과 다른 수강생들에게 서서히 칭찬을 듣기 시작했습니다. 남들 앞에 서는 게 꽤 재미있는 일이라는 것을 알게 되었습니다. 몇 개월 하다보니까 재미가 붙어서 1년이 넘게 스피치 수업도 들을 수 있었습니다.

그러던 중 우연한 계기에 레크리에이션과 노래에 관심을 갖게 되었습니다. 대중 스피치나 레크리에이션, 노래는 닮은 부분도 많았고, 목소리의 고저와 강약, 포즈, 제스처, 눈 맞춤, 미소로 갖가지 부분을 연출하는 데도 공통되는 부분이 많아서 상호유기적으로 도움이 되었던 것 습니다. 이후 스피치와 레크리에이션에 대해서 이곳저곳을 다니며 노력을 많이 했더니, 어느 순간 저는 레크리에이션 강사와 노래 강사로까지 활동을 하기 시작했습니다. 물론 노래 실력은 아직 부족하지만 나름대로의 열정을 갖고 하였던 바, 작년부터 지금까지 일산 지역과 김포시의 여러 경로당에서 어르신들에게 레크리에이션과 노래 수업을 진행을 하며 즐거운 시간을 보내고 있습니다. 그리고 저는 TV에도 나오게 되었고, 몇 군데의 신문에도 인터뷰 기사가 나오게 되었습니다. 스피치 학원에 처음 왔을 때는 스스로 오랜 시간 갈등도 많이 했지만 '하면 된다'는 신념을 가지고 그때 그때 의식적으로 긍정적인 생각을 하며 매진했습니다.

저는 꿈이 내일 바로 실현되는 것을 바라지는 않고 매일매일 배우면서 5년 후 정도를 내다보며 하루하루 즐거운 배움의 생활을 하고 있습니다. 정말로 선택을 잘 했다고 생각합니다. 60세가 넘어서도 발음부터 하나하나 다시 배우면서 열정을 바치다보니 새로운 신세계를 보는 것 같아서 아주 행복합니다. 앞으로도 더욱 열심히 하겠습니다. 무의미하게 인생 후반기를 보내는 것이 아니라 이웃과 더불어, 어르신과 더불어 같이 웃고 같이 감동하는 시간을 만들도록 하겠습니다. 앞으로 나의 후반기는 보람 있는 시간이 계속될 것 같아 좋습니다. 이러한 기회를 주신 박상현 원장님께 머리 숙여 심심한 감사를 표합니다.

• 김용호 씨(28세)

저는 사실 초등학교 때까지만 해도 발표에 굉장히 자신감이 있었습니다. 사실 그때는 떨린다는 것이 무엇인지도 모르는 개구쟁이였는데요. 그러던 중 중학교 2학년 때 국어선생님께서 책을 읽으라고 시켰습니다. 그런데 그날따라 5줄도 채 안 되는 문장을 읽는데 가슴이 쿵쿵 뛰고 목소리가 너무도 떨리는 게 느껴졌습니다. 그날 이후 전 발표 불안이 더욱 심해졌고 나중에는 앞에 나와서 발표하는 것은 물론이고 사람들이 네 명 이상 모이면 떨려서 말도 못하는 조용한 성격의 아이로 학창시절을 보냈습니다. 대학교 때는 발표하는 게 너무 무섭고 싫어서 학점을 포기하면서까지 발표를 회피했습니다.

그러던 중 부산에 살았던 저는 서울 쪽으로 직장을 잡게 되어 서울 생활을 하면서 스피치 학원을 알아보기 시작했습니다. 그렇게 해서 드림스피치 아카데미 박상현 원장님과 인연을 맺게 되었고 발표 불안 수업을 듣게 되었습니다. 원장님께서 하라는 대로 실전에서 이것저것 많이 시도해보고 노력했습니다. 수업도 수업이지만 '스피치파티'라는 모임이 있는데 365일 언제든 와서 발표를 연습할 수 있는 공간이 인상적이었습니다. 저는 스피치파티를 활용해서 결국 1년 후에는 원장님의 추천으로 돌잔치 사회까지 도전을 하게 됐습니다. 정말 예전의 저로서는 상상도 못할 일이었지만 원장님의 격려와 저의 의지로 첫 무대에 설 수 있었습니다. 그때 기억을 잠시 떠올리자면 처음 행사장에 도착해서 수십 명의 사람들을 어떻게 재밌게 해드릴 수 있을까? 연습은 많이 했지만 과연 나를 따뜻한 시선으로 바라봐줄까? 등 수많은 생각이 머릿속을 스쳐가면서 정말 도망가고 싶은 생각이 들었습니다. 그렇게 행사 진행을 마치고 저는 솔직히 그날 행사진행을 엄청 못했다고 생각을 했는데요, 첫 행사 진행 기념으로 촬영한 영상을 집에 와서 보니까 생각했던 것보다 떨지도 않고 자연스럽게 진행을 하고 있는 저의 모습을 발견했습니다. 그걸 보고 원장님께서 늘 말씀하시던 '본인이 생각하는 것과 남이 보는 것은 다르다'라는 것을 다시 한 번 깨달았죠.

그 이후로 저는 어떤 발표를 하든지 '내가 처음 보는 수많은 사람들 앞에서 행사도 진행해봤는데 이까짓 거 못하겠어?'라는 생각으로 자신감 있게 잘 해내고 있습니다. 솔직히 지금도 안 떨린다는 것은 절대 아닙니다. 떨립니다. 하지만 이제는 그 떨림을 조절할 수 있고, 긴장돼서 두렵고 회피하고 싶은 떨림이 아닌 '설렘'과 '잘 할 수 있어'라는 저도 모르게 나오는 자신감(?)을 통해 정말 많은 변화가 있었다는 것을 알 수 있습니다. '진작 스피치 학원을 다녔더라면'이라는 후회를 할 정도로 수업을 듣기를 잘했고 원장님을 만난 것은 제 인생의 큰 행운입니다.

이 밖에도 다양한 발표 성공 사례들이 있습니다.

아주 내성적인 60대 초반 여성이 저자에게 수개월 동안 전화를 세 번 정도 하며 지도 의뢰를 하다가, 결국 실제 발표가 한 달 정도 남은 상태에서 저자를 찾아왔습니다. 실습을 바탕으로 한 지도를 받은 뒤 일본에서 300여 명 앞에서 3분 인사 말씀을 했다고 합니다. 본인 스스로 '대박 성공했다'고 표현하고, 저자에게 다시 올 때는 선물까지 가져다 주셨습니다.

취업을 준비하고 있던 20대 중반 여성이었는데요, 1시간씩 3일에 걸쳐서 3시간을 수업을 받고 다수 앞에서 스피치를 실험해보았습니다. 떨지 않고 말해본 적이 12세 이후 처음이라고 했습니다. 휴대폰으로 촬영한 본인의 스피치 영상을 보고 난 후 만족도도 10점 만점에 9점이라고 했습니다. 그리고 2~3일 후 원하는 회사 면접을 보고 합격을 하게 되었습니다.

30대 후반 여성의 이야기입니다. 스피치 단체 반 수업에서 실습을 해보았는데요, 너무 힘드셨나봅니다. 얼마나 심리적으로 힘들었는지, 수업이 끝나고서 눈물을 보였었습니다. 그래서 저자에게 일대일로 집중 지도를 받았습니다. 그후 회사에서 아주 중요하게 인식되었던 회의를 진행하게 됐고, 회사 관계자들에게 잘 했다는 인정과 함께 발표 성공 경험을 가지게 되었습니다.

전문직 국가시험에 어렵게 합격을 한 20대 후반의 여성분이 해당 국가시험 합격을 위해 공부하고 있는 사람들 대략 40명에게 15분간 합격 수기를 이야기하는 자리가 있었는데, 수 시간 집중 지도를 받고서는 나름대로 잘 했다고 전화가 왔습니다. 말이 15분간 합격 수기를 이야기하는 거였지, 사실상 강의나 마찬가지였던 어려운 발표였습니다.

40대 중반 남성분의 이야기입니다. 작년에 송년회를 진행했는데, 스스로 너무 떨었고 진행도 못 해서 창피했다고 합니다. 저자와 함께 집중 지도를 받고서는 이 다음해에 50여 명 앞에서 약 90분 동안 송년회 진행을 맡아 잘 하시게 되었습니다.

100여 명 앞에서 취임사를 해야 하는데 떨림 때문에 큰 고민을 하고 있던 70대 초반의 여성분이 계셨습니다. 집중 지도를 받은 뒤 취임사를 하셨고, 저자에게 다시 찾아왔습니다. 이분에게 "발표 끝나고서 주위 반응은 어떠셨어요?"라고 여쭤보자 "주위 사람들이 저한테 체구도 작고 평소에 말도 없는데, 대통령보다 목소리가 더 컸다고 하더라고요."라고 말씀하셨습니다. 귀한 점심 식사도 대접받아 아주 보람찼습니다.

이 밖에도 발표 떨림 때문에 학원에 왔던 많은 분들이 수개월 후에는 MC, 강사, 과대표, 학생회장 당선 등 원하는 목표를 이룬 사례들은 많습니다. 과연 '노력하면 해결이 될까, 안 될까?' 고민하며 불필요하게 시간을 낭비하지 마십시오. 대중 앞에 100번 서보면 발표가 익숙해지지 않겠습니까? 전문가의 지도를 받으면 더 빠르게 발표 자신감을 되찾거나 형성할 수 있습니다.

더 이상은 발표에 대해 힘들어하지 마시고요, 준비를 많이 하고 열심히 말해서 나도 만족하고 듣는 사람들도 만족할 수 있는 발표를 하시기 바랍니다. 발표를 즐기십시오.

Go 'Speechparty'!

에필로그

20대 때, 어느 한 영어 모임에 참여한 적이 있는데 모임이 끝나고나니 밤이 되었다. 나는 모임에 함께 했던 다섯 명 정도에게 작은 목소리로 "맥주 한 잔 하러 가실래요?"라고 물었고, 그 중 한두 명이 "그래요!"라고 대답했다. 자연스럽게 우리는 맥주 집에 가게 되었고, 거기서 이런저런 이야기를 나누던 중 한 분이 나에게 이런 말을 했다. "저기요, 리더십이 있으시네요!"라고. 나는 태어나서 이런 말을 처음 들어봤다. 순간 어안이 벙벙해졌지만 속으로는 정말 기분이 좋았다. 표정 관리가 힘들 정도였다. 이때 들은 칭찬 한 마디에 힘을 많이 얻어서 그후로 노력도 많이 하고 도전도 많이 했다. 그 결과 스피치 학원도 차리게 되었고 스피치 강의도 하게 되었다. 대중 공포가 심했던 말더듬이가……. 여러분! 지금 시작하세요!

저자 박상현